ОСНОВНИ КУВАР СА ДОМАЋИМ ХУМУСОМ

100 укусних и хранљивих рецепата за најсвестранији дип на свету. Истражите бескрајне могућности хумуса уз јединствене и укусне рецепте

Душка Пјанић

ПРЕГЛЕД САДРЖАЈА

УВОД

Ултимате Хуммус Цоокбоок је ваш врхунски водич за истраживање бескрајних могућности овог популарног блискоисточног дипа. Са 100 укусних и хранљивих рецепата, ова кухарица ће вам показати како да направите различите укусе хумуса који ће сигурно задовољити свако непце.

Сваки рецепт је праћен сликом у пуној боји, која вам даје увид у укусне умаке које ћете правити. Са 100 слика у боји, по једна за сваки рецепт, моћи ћете да видите прелепу презентацију и текстуру сваког јела од хумуса.

Од класичног хумуса до јединствених укуса као што су печена црвена паприка и зачињени јалапено, ова кухарица има понешто за свакога. Такође ћете пронаћи рецепте за хумус направљен од других махунарки, као што су црни пасуљ и едамаме, као и рецепте за коришћење хумуса као разноврсног састојка у другим јелима, као што су пилећа прса пуњена хумусом и пица са хумусом.

Ултимате Хуммус Цоокбоок такође укључује информације о историји хумуса, његовим здравственим предностима и савете за прављење савршеног хумуса сваки пут. Без обзира да ли сте ентузијаста хумуса или новајлија у овом укусном умаку, ова кухарица ће вас водити кроз процес стварања укусног и хранљивог хумуса са лакоћом. Уз Тхе Ултимате Хуммус Цоокбоок, моћи ћете да импресионирате своје пријатеље и породицу својим кулинарским вештинама, док истражујете свет хумуса са јединственим рецептима са укусом.

ХУММУС

1. Спирулина Хуммус

Прави: 2 порције

САСТОЈЦИ:

- 1 конзерва сланутка, оцеђена, резервисана течност
- 1 кашика маслиновог уља
- 2 кашичице тахинија
- 1 кашика свеже цеђеног лимуновог сока
- 1 чешањ белог лука, згњечен
- ½ кашичице соли

УПУТСТВО:

a) Ставите сланутак, маслиново уље, тахини, лимунов сок, бели лук и со у процесор за храну.

b) Укључите машину за храну и полако сипајте мало резервисане течности од сланутка док машина ради.

c) Када је смеса потпуно сједињена и глатка, пребаците је у посуду за сервирање.

2. Хумус од меча и цвекле

САСТОЈЦИ:

- ½ кашичице Матцха праха
- 400 г лименог сланутка, оцедити и испрати
- 250 г куване цвекле
- 1 чен белог лука
- 2 кашике тахинија
- 2 кашичице млевеног кима
- 100 мл екстра девичанског маслиновог уља
- Сок од лимуна
- Соли по укусу

УПУТСТВО:

a) Додајте све састојке осим сланутка у блендер/процесор. Мешајте док не постане глатко.

b) Додајте сланутак и поново мешајте док не постане глатка и укусна!

3. Хумус од сушеног парадајза

САСТОЈЦИ:

- Тегла од 8,5 унци сушеног парадајза у уљу
- Тегла од 8,8 унци парадајза печеног у рерни у уљу
- #10 конзерва гарбанзо пасуља, оцеђена и испрана
- 2 кашике тахини пасте
- 2 кашике црног лука у праху
- 2 кашичице паприке
- 2 кашике сецканог белог лука
- 1 шоља топле воде
- 1 шоља биљног уља
- 4 кашичице лимуновог сока
- Сол и бибер по укусу

УПУТСТВО:

a) Додајте сушени парадајз, печени парадајз и тахини пасту у процесор хране. Користите 1 кашику воде да разблажите смешу. Мешајте док не постане глатко.

b) Додајте гарбанзо пасуљ, лук у праху, бели лук, паприку и лимунов сок. Укључите процесор и промешајте.

c) Полако додајте воду и уље да олабавите сечиво и оставите да се хумус меша док не постане глатко.

d) Поновите поступак са другом серијом састојака.

4. Хеалинг Хуммус

Израђује: 2 порције

САСТОЈЦИ:
- ⅓ шоље плус 1 кашика маслиновог уља
- 4 кашике воде
- 1 чешањ белог лука, ољуштен, исечен и крупно исецкан
- 1 кашичица крупне морске соли
- 2 шоље куваног пасуља
- Сок од 1 лимуна
- ½ кашичице млевеног коријандера
- 1 кашичица млевеног црног бибера
- ½ кашичице печеног млевеног кима
- ½ кашичице паприке, за украс
- ¼ шоље сецканог свежег цилантра

УПУТСТВО:
a) Помешајте пасуљ, лимунов сок, бели лук, со, црни бибер, ким, коријандер и цилантро у процесору за храну док се добро не сједине.

b) Док машина још ради, сипајте уље.

c) Мешајте док смеса не постане кремаста и глатка, додајући воду 1 кашику по једну.

5. Хумус од сланутка са аквафабом

Производи: 2,5 шоље
Време припреме: 5 минута
Време кувања: Нема

САСТОЈЦИ:

- 2 шоље конзервираног сланутка
- 2 чена белог лука
- 4 кашике биљног тахинија
- 2 кашике лимуновог сока, свеже цеђеног
- 2 кашичице кима у праху
- 1 кашичица соли
- ½ кашичице чили праха

АКУАФАБА

- ½ шоље течности од сланутка

ТОППИНГС

- Першун
- Семе коријандера
- Чили у праху
- Цели сланутак

УПУТСТВО:

ДА НАПРАВИТЕ АКВАФАБУ:

a) Ако течност од сланутка садржи много ситних комадића пасуља, процедите га кроз ситно сито да бисте их уклонили.

b) Лагано умутите течност док не постане пенаста, а затим одмерите потребну количину аквафабе.

ДА НАПРАВИТЕ ХУМУС:

c) Ставите сланутак, бели лук и аквафабу у теглу процесора хране и изгњечите док не постане глатко.

d) Додајте тахини, лимунов сок, ким, со и чили у праху по укусу.

e) Обрадите великом брзином док хумус не постане гладак и кремаст. Ако је потребно, попрскати водом.

f) Сипајте хумус у чинију за сервирање и прелијте свежим листовима коријандера и семенкама.

g) Оставите у фрижидеру у херметички затвореној посуди до 5 дана.

6.   Хооках лоунге хуммус

Марке: 8

САСТОЈЦИ:

- ¾ шоље ТХЦ маслиновог уља
- 3 грама кифа
- Једна конзерва гарбанзо пасуља од 15 унци
- ¾ шоље тахинија
- 3 кашике свежег лимуновог сока
- ¼ шоље печеног белог лука
- 2 кашике срца артичока, добро оцеђених и исецканих
- ¼ шоље печене црвене паприке, грубо исецкане
- 1 кашичица свеже млевеног семена кима
- 1 кашичица соли
- ½ кашичице свеже млевеног бибера
- Пита хлеб, загрејан у рерни, за сервирање

УПУТСТВО:

a) У малом тигању загрејте своје ТХЦ маслиново уље на лаганој ватри. Додајте киф и оставите да се раствори. Склоните са ватре.

b) Ставите гарбанзо пасуљ, тахини, лимунов сок, печени бели лук, срца од артичоке, црвене паприке, ким и ½ шоље топлог ТХЦ уља у процесор за храну и измиксајте до жељене конзистенције. Полако додајте још уља по потреби.

c) Додајте со и бибер. Послужите са топлим пита хлебом.

7. Хумус од сојиних клица

Марке: 4

САСТОЈЦИ:
- 480 г куване соје
- 285 г жутог кукуруза шећерца
- 10 половина сушеног парадајза
- 2 кашичице. Бели лук у праху
- ½ кашичице паприке у праху
- ½ кашичице сушеног босиљка
- 1 кашичица лука у праху
- 2 кашике нутритивног квасца
- 2 кашике лимуновог сока
- Вода

УПУТСТВО:
a) Потопите сушене половине парадајза у врућу воду најмање један сат.
b) Оцедите и темељно исперите.
c) Комбинујте све састојке у процесору за храну и обрадите док не постане глатка и кремаста.

8. Хумус од тиквица и сланутка

Марке: 4
Време припреме: 30 минута

САСТОЈЦИ:

1. 1 конзерва сланутка, оцеђена и испрана
2. 1 чен белог лука, сецкани
3. 1 зелена тиквица, сецкана
4. Шака сецканог першуна
5. Шака сецканог босиљка
6. Хималајска или морска со
7. Свеже млевени црни бибер
8. 4 кашике маслиновог уља
9. Стискање свежег лимуновог сока

УПУТСТВО:

а) Све изблендати.

9. Лемони сланутак и тахини хумус

Производачи: 2
Време припреме: 10 минута

САСТОЈЦИ:
- Лимунов сок од 1/2 лимуна
- 1 конзерва сушеног сланутка, натопљеног
- 1 чен белог лука
- 1 кашика тахинија
- 1 кашика маслиновог уља

УПУТСТВО:
a) Блендајте све док не постане глатко.

10.   Хумус од сланутка од белог лука

Произвођачи: 2
Време припреме: 10 минута

САСТОЈЦИ:

- 2 чена белог лука
- 1 конзерва сланутка
- 1 кашика тахинија
- Лимунов сок од 1 лимуна
- 1 кашика маслиновог уља

УПУТСТВО:

а) У посуди за мешање помешајте све састојке.

11. Нема хумуса од кумина

САСТОЈЦИ:

- 2 шоље сланутка, оцеђеног са остављеном водом
- 1/2 шоље тахинија
- Пасте од белог лука
- Сок од 6 лимета
- Со и бибер.
- Веома лагана посуда пахуљица црвене чили паприке

УПУТСТВО:

a) Блендирајте у блендеру.

b) Ако је превише густ, додајте још воде из сланутка да се изглади.

12. Хумус од тиквица и сланутка

Марке: 4
Време припреме: 30 минута

САСТОЈЦИ:

- 1 конзерва сланутка, оцеђена и испрана
- 1 чен белог лука, сецкани
- 1 зелена тиквица, сецкана
- Шака сецканог першуна
- Шака сецканог босиљка
- Химпапајска или морска со
- Свеже млевени црни бибер
- 4 кашике маслиновог уља
- Стискање свежег лимуновог сока

УПУТСТВО:

а) Све изблендати.

13. Јалапено-Цилантро Хуммус

Марке: 6

САСТОЈЦИ:
- 1 конзерва (15 унци) сланутка, оцеђена и испрана
- 1 шоља листова цилантроа, плус још за украс
- 2 мала јалапења, без семена и грубо исецкана
- 1 чен белог лука
- ¼ шоље свежег сока од лимете
- 2 кашике тахинија (сусамова паста)
- 1 кашика маслиновог уља

УПУТСТВО:

a) У процесору за храну изгњечите сланутак, цилантро, јалапењос и бели лук док не постане глатка.

b) Додајте сок од лимете, тахини и уље и мешајте док се добро не сједини. Ако је смеса превише густа, додајте воду, по 1 кашику, док се не постигне жељена конзистенција.

c) Послужите хумус одмах, украшен додатним цилантром, или га поклопите и оставите у фрижидеру до 2 дана.

14. Иузу Хуммус

САСТОЈЦИ:
- 2 шоље куваног сланутка (гарбанзо пасуљ)
- 1/4 шоље (59 мл) свежег Иузу сока
- 1/4 шоље (59 мл) тахинија
- Половина великог чена белог лука, млевеног
- 2 кашике маслина уље или кумин **уље**, плус још за сервирање
- 1/2 до 1 кашичице соли
- 1/2 кашичице млевеног кима
- 2 до 3 кашике воде
- Цртица млевене паприке за сервирање

УПУТСТВО:

a) Помешајте сок од тахинија и јузуа и блендајте 1 минут. Додајте маслиново уље, млевени бели лук, ким и со у мешавину тахинија и лимуна. Обрадите 30 секунди, остружите стране, а затим обрадите још 30 секунди.

b) Додајте половину сланутка у процесор за храну и мешајте 1 минут. Остружите стране, додајте преостали сланутак и обрадите 1 до 2 минута.

c) Пребаците хумус у чинију, а затим покапајте око 1 кашику маслиновог уља преко врха и поспите паприком.

15.   Повратак на основе Хумус

Прави око 2 шоље

САСТОЈЦИ:

- 3 до 4 чена белог лука
- 1½ шоље куваног или 1 конзерва (15,5 унци) сланутка, оцеђена и испрана
- 1 шоља сока од 1 лимуна
- ½ кашичице соли
- ⅛ кашичице млевеног кајенског лука
- 2 кашике маслиновог уља
- Слатка или димљена паприка, за украс

УПУТСТВО:

a) У процесору за храну обрадите бели лук док се ситно не исецка. Додајте сланутак и тахини и обрадите док не постане глатко. Додајте сок од лимуна, со по укусу и кајенски паприкаш и мешајте док се добро не сједини.

b) Док машина ради, улијте уље и обрадите док не постане глатко. Пробајте, прилагодите зачине ако је потребно. Пребаците у средњу чинију и поспите паприком за сервирање. Ако не користите одмах, покријте и ставите у фрижидер док не буде потребно. Ако се правилно чува, чува се у фрижидеру до 4 дана.

16.   Хумус од печене црвене паприке

Чини око 11⁄2 шоље

САСТОЈЦИ:
● 2 чена белог лука, згњечена
● 11⁄2 шоље куваног или 1 конзерва (15,5 унци) сланутка, оцеђена и испрана
● 2 печене црвене паприке
● 1 кашика свежег сока од лимете
● Со
● Гроунд цаиенне

УПУТСТВО:
a) У процесору за храну обрадите бели лук док се ситно не исецка. Додајте сланутак и црвену паприку и обрадите док не постане глатка.
b) Додајте сок од лимете и со и кајенски кајенски по укусу. Процесирати док се добро не сједини. Пробајте, прилагодите зачине ако је потребно.
c) Пребаците у средњу чинију и послужите. Ако не користите одмах, покријте и ставите у фрижидер док не буде потребно. Ако се правилно складишти, чува се до 3 дана.

17. <u>Хумус од белог пасуља и копра</u>

Прави око 2 шоље

Диллвеед додаје лепу нијансу укуса овом хумусу, дајући му освежавајући укус који га издваја од традиционалног укуса хумуса. Послужите уз пиринчане крекере или хрскаве кришке краставца за умакање. Пробајте и различите биљке, као што је рузмарин.

САСТОЈЦИ:
- 2 чена белог лука, згњечена
- 11/2 шоље куваног или 1 конзерва (15,5 унци) белог пасуља, као што је велики северни, оцеђен и испран
- 2 кашике свежег лимуновог сока
- 1/4 шоље свежег копра или 2 супене кашике осушене
- 1/8 кашичице млевеног кајенског лука
- 2 кашике маслиновог уља

УПУТСТВО:
a) У процесору за храну обрадите бели лук док се ситно не исецка. Додајте сланутак и тахини и обрадите док не постане глатко. Додајте сок од лимуна, копер, со и кајенски паприкаш и мешајте док се добро не сједини.

b) Док машина ради, улијте уље и обрадите док не постане глатко. Пробајте, прилагодите зачине ако је потребно. Пребаците у средњу чинију и поклопите и ставите у фрижидер 2 сата пре сервирања. Укуси се побољшавају и интензивирају ако се направе унапред. Ако се правилно складишти, чува се до 3 дана.

18. Смоки Цхипотле-Пинто Хуммус

Чини око 11/2 шоље

САСТОЈЦИ:
- 1 чешањ белог лука, згњечен
- 11/2 шоље куваног или 1 конзерва (15,5 унци) пасуља, оцеђена и испрана
- 2 кашичице свежег сока од лимете
- Сол и свеже млевени црни бибер
- 1 кашика ситно млевеног зеленог лука, за украс

УПУТСТВО:
a) У процесору за храну обрадите бели лук док се ситно не исецка. Додајте пасуљ и цхипотле и обрадите док не постане глатка. Додајте сок од лимете и со и бибер по укусу. Процесирати док се добро не сједини.

b) Пребаците у средњу посуду и поспите зеленим луком. Послужите одмах или поклопите и оставите у фрижидеру 1 до 2 сата да се укуси појачају.

c) Ако се правилно складишти, чува се до 3 дана.

19. Домаћи хумус

Прави око 2 шоље

САСТОЈЦИ:
- 1 15 оз. конзерва (425г) сланутак, оцеђен/испран (резервна течност)
- ¼ шоље (60 мл) течности од сланутка (или подводе)
- 1 кашика млевеног белог лука
- 1 кашика тахинија
- 1 ½ кашике лимуновог сока
- ½ кашичице кима
- ¼ кашичице соли
- ¼ кашичице паприке
- ⅛ кашичице кајенског, по укусу
- ⅛ кашичице бибера, по укусу

УПУТСТВО:
a) Комбинујте све састојке у процесору за храну.

b) Састружите странице до пола и прилагодите зачине по укусу.

20. севрноиндијски хумус

Прави: 2 ШОЉЕ

САСТОЈЦИ:
- 2 шоље (396 г) куваног целог пасуља или сочива
- Сок од 1 средњег лимуна
- 1 чен белог лука, ољуштен, исечен и крупно исецкан
- 1 кашичица крупне морске соли
- 1 кашичица млевеног црног бибера
- ½ кашичице печеног млевеног кима
- ½ кашичице млевеног коријандера
- ¼ шоље (4 г) сецканог свежег коријандера
- ⅓ шоље (79 мЛ) плус 1 кашика маслиновог уља
- 1-4 кашике (15-60 мЛ) воде
- ½ кашичице паприке, за украс

УПУТСТВО:
a) У процесору за храну помешајте пасуљ или сочиво, лимунов сок, бели лук, со, црни бибер, ким, коријандер и цилантро. Обрадите док се добро не измеша.

b) Док машина још ради, додајте уље. Наставите да обрађујете док смеса не постане кремаста и глатка, додајући воду по потреби, 1 кашику по кашику.

21. Екстра глатки хумус

Марке: 8

САСТОЈЦИ:
- 2 конзерве сланутка (14 унци).
- 2 чена белог лука, згњечена
- ¼ кашичице млевеног кима
- Сок од 1 лимуна, плус још по потреби
- ½ шоље тахинија
- 2 кашике екстра девичанског маслиновог уља, плус још за сервирање
- Љускаста морска со
- Тостирани пињоли, за сервирање (опционо)

УПУТСТВО:

a) У лонцу за лонац помешајте сланутак, течност из конзерви и бели лук. Затворите поклопац и кувајте на високом притиску 10 минута. Брзо или природно отпуштање, а затим отворите када се притисак смањи.

b) Резервишите ½ шоље течности за кување, а остатак оцедите. Пребаците сланутак и бели лук у процесор за храну и пулсирајте док углавном не постане глатко, око 3 минута. Додајте ким, лимунов сок, тахини и маслиново уље и мешајте да се сједини, око 1 минут. Док правите пире, полако додајте резервисану течност за кување, по 1 кашику, док не постигнете жељену конзистенцију. Пробајте и посолите по потреби.

c) Кашиком ставите хумус у чинију. По жељи послужите са маслиновим уљем и прженим пињолима. Чувајте хумус у фрижидеру у херметички затвореној посуди до 1 недеље.

22. Хумус од соје

Прави: 1 порција

САСТОЈЦИ:

- 1 шоља сувог сојиног пасуља - намоченог и оцеђеног
- 3 кашике лимуновог сока
- ¼ шоље маслиновог уља
- 2 кашике сецканог свежег першуна
- 1 чена белог лука
- Со и бибер

УПУТСТВО:

a) Пасирајте све састојке у процесору за храну док не постане глатка.

b) Уживати.

23. Хумус са каријем од сланутка

Марке: 4
УКУПНО ВРЕМЕ: 25 МИНУТА
ЦУИСИНЕ:ЛЕБАНЕСЕ

САСТОЈЦИ:

- 1/2 шоље сувог сланутка; натопљени
- 1 ловоров лист
- 1/4 кашичице кима у праху
- 1/4 везе першуна; исецкани.
- 1/4 кашичице паприке
- 2 чена белог лука
- 1 кашика тахинија
- 1/2 лимуна; јуицед
- 1/4 кашичице морске соли
- 1 кашика маслиновог уља

УПУТСТВО:

a) У инстант лонцу помешајте 3 шоље воде, сланутак, ловоров лист и чена белог лука.

b) Затворите поклопац инстант лонца и кувајте на високом притиску 18 минута.

c) Урадите Натурал релеасе и отворите поклопац инстант лонца када се огласи звучним сигналом.

d) Уклоните ловоров лист и кувани сланутак процедите.

e) Пирјајте 2 минута у инстант лонцу са уљем и додатним САСТОЈЦИМА:. Мешавина.

f) Помешајте све састојке у чинији за мешање и послужите.

24. Хумус од црвене паприке (без пасуља)

ПРАВИ 2 ШОЉЕ

- ½ шоље семена сусама, млевеног у прах
- 2 кашичице сецканог белог лука
- 1 кашичица морске соли
- 2 шоље црвене паприке са сјеменкама и коцкицама
- 1/3 шоље тахинија
- ¼ шоље лимуновог сока
- ½ кашичице млевеног кима

УПУТСТВО:

a) У процесору за храну прерадите сусам, бели лук и со на мале комадиће.

b) Додајте преостале САСТОЈКЕ: и обрадите док не постане глатко.

c) Чуваће се 2 дана у фрижидеру.

25. Хумус од тиквица

Марке: 4

САСТОЈЦИ:

- 4 шоље тиквица, сецканих
- 3 кашике биљног темељца
- ¼ шоље маслиновог уља
- Сол и црни бибер по укусу
- 4 чена белог лука, млевено
- ¾ шоље пасте од семена сусама
- ½ шоље лимуновог сока
- 1 кашика кима, млевеног

УПУТСТВО:

a) Ставите инстант шерпу на режим сотирања, додајте половину уља, загрејте, додајте тиквице и бели лук, промешајте и кувајте 2 минута.

b) Додајте темељац, посолите и побиберите, поклопите шерпу и кувајте на високој температури још 4 минута.

c) Пребаците тиквице у блендер, додајте остатак уља, пасту од сусама, лимунов сок и ким, добро пулсирајте, пребаците у чиније и послужите као ужину.

d) Уживати!

26. Основни хумус

Марке: 6

САСТОЈЦИ:
1¼ шоље / 250 г сушеног сланутка
1 кашичица соде бикарбоне
6½ шоље / 1,5 литара воде
1 шоља плус 2 кашике / 270 г светле тахини пасте
4 кашике свеже цеђеног сока од лимуна
4 чена белог лука, згњечена
6½ кашике / 100 мл ледено хладне воде
со

УПУТСТВО:

a) Претходно вече ставите сланутак у велику чинију и прелијте га хладном водом најмање двоструко веће од запремине. Оставите да се намаче преко ноћи.

b) Следећег дана оцедите леблебије. Ставите средњу шерпу на јаку ватру и додајте оцеђени сланутак и соду бикарбону. Кувајте око 3 минута уз стално мешање. Додајте воду и доведите до кључања. Кувајте, скидајући пену и коре које испливају на површину. Сланутак ће морати да се кува између 20 и 40 минута, у зависности од врсте и свежине, понекад и дуже. Када се заврше, требало би да буду веома мекане, лако се распадају када их притиснете између палца и прста, скоро, али не и сасвим кашасте.

c) Оцедите сланутак. Сада би требало да имате отприлике 3⅔ шоље / 600 г. Ставите сланутак у процесор за храну и обрадите док не добијете чврсту пасту. Затим, док машина још ради, додајте тахини пасту, лимунов сок, бели лук и 1½ кашичице соли. На крају, полако улијте ледену воду и оставите да се меша око 5 минута, док не добијете веома глатку и кремасту пасту.

d) Пребаците хумус у чинију, прекријте површину пластичном фолијом и оставите да одстоји најмање 30 минута. Ако не користите одмах, ставите у фрижидер док не буде потребно. Обавезно га извадите из фрижидера најмање 30 минута пре сервирања.

27. Хумус Каварма (јагњетина) са сосом од лимуна

Марке: 6

Основни хумус, резервишући 4 кашике куваног сланутка за украшавање

сецкани першун са равним лишћем, за украс

2 кашике пињола, тостираних у рерни или пржених на мало несланог путера

САСТОЈЦИ:
КАВАРМА

- 10½ оз / 300 г јагњећег филета са вратом, ситно исецканог ручно
- ¼ кашичице свеже млевеног црног бибера
- ¼ кашичице свеже млевеног белог бибера
- 1 кашичица млевене алеве паприке
- ½ кашичице млевеног цимета
- добар прстохват свеже ренданог мушкатног орашчића
- 1 кашичица здробљених осушених листова заатара или оригана
- 1 кашика белог винског сирћета
- 1 кашика сецкане менте
- 1 кашика сецканог першуна са равним листовима
- 1 кашичица соли
- 1 кашика несланог путера или гхее
- 1 кашичица маслиновог уља

ЛЕМОН САУЦЕ

- ⅓ оз / 10 г першуна равног листа, ситно исецканог
- 1 зелени чили, ситно исецкан
- 4 кашике свеже цеђеног сока од лимуна
- 2 кашике белог винског сирћета
- 2 чена белог лука, згњечена
- ¼ кашичице соли

УПУТСТВО:

a) Да бисте направили каварму, ставите све састојке осим путера или гхееја и уља у средњу посуду. Добро промешајте, поклопите и оставите да се смеса маринира у фрижидеру 30 минута.

b) Непосредно пре него што будете спремни да кувате месо, ставите све састојке за лимунов сос у малу чинију и добро промешајте.

c) Загрејте путер или гхее и маслиново уље у великом тигању на средње јакој ватри. Додајте месо у две или три серије и мешајте док пржите сваку порцију 2 минута. Месо треба да буде светло розе у средини.

d) Подијелите хумус у 6 појединачних плитких чинија, остављајући благо удубљење у средини сваке. Топлу каварму сипајте кашиком у удубљење и поспите резервисаним леблебијем. Прелијте обилно сосом од лимуна и украсите са мало першуна и пињола.

28. <u>Мусабаха и тостирана пита</u>

Марке: 6

САСТОЈЦИ:

- 1¼ шоље / 250 г сушеног сланутка
- 1 кашичица соде бикарбоне
- 1 кашика млевеног кима
- 4½ кашике / 70 г светле тахини пасте
- 3 кашике свеже цеђеног сока од лимуна
- 1 чешањ белог лука, згњечен
- 2 кашике ледено хладне воде
- 4 мале пита (4 оз / 120 г укупно)
- 2 кашике маслиновог уља
- 2 кашике сецканог першуна са равним листовима
- 1 кашичица слатке паприке
- соли и свеже млевеног црног бибера

ТАХИНИ САУЦЕ

- 5 кашика / 75 г светле тахини пасте
- ¼ шоље / 60 мл воде
- 1 кашика свеже цеђеног сока од лимуна
- ½ чена белог лука, згњечено

ЛЕМОН САУЦЕ

- ⅓ оз / 10 г першуна равног листа, ситно исецканог
- 1 зелени чили, ситно исецкан
- 4 кашике свеже цеђеног сока од лимуна
- 2 кашике белог винског сирћета
- 2 чена белог лука, згњечена
- ¼ кашичице соли

УПУТСТВО:

а) ПратитеОсновни хумус рецепт за начин намакања и кувања сланутка, али га кувајте мало мање; требало би да имају мало отпора у себи, али и даље буду потпуно кувани. Оцедите кувани сланутак, резервишите ⅓ шољице / 450 г) са резервисаном водом за кување, кимом, ½ кашичице соли и ¼ кашичице бибера. Држите смешу топлом.

b) Ставите преостали сланутак (1 шоља / 150 г) у мали процесор за храну и мешајте док не добијете чврсту пасту. Затим, док машина још ради, додајте тахини пасту, лимунов сок, бели лук и ½ кашичице соли. На крају, полако улијте ледену воду и мешајте око 3 минута, док не добијете веома глатку и кремасту пасту. Оставите хумус на једној страни.

c) Док се сланутак кува, можете припремити остале елементе јела. За тахини сос ставите све састојке и прстохват соли у малу чинију. Добро промешајте и додајте још мало воде ако је потребно да добијете конзистенцију мало течнију од меда.

d) Затим помешајте све састојке за лимунов сос и оставите са стране.

e) На крају, отворите питас, раздвојите обе стране. Ставите под врели бројлер 2 минута, док не порумени и потпуно се осуши. Оставите да се охлади пре него што разбијете на комаде чудног облика.

f) Подијелите хумус у четири појединачне плитке чиније; немојте га нивелисати или притискати, желите висину. Кашиком прелијте топли сланутак, затим тахини сос, лимунов сос и мало маслиновог уља. Украсите першуном и мало паприке и послужите уз тостиране комадиће пита.

29. Прави хумус

САСТОЈЦИ:

- 19оз гарбанзо пасуља, пола течности резервисано
- 2 кашике тахинија
- 2 чена белог лука, подељена
- 4 кашике чорбе од поврћа
- 4 кашике лимуновог сока
- 1 кашичица соли
- Црни бибер по укусу

УПУТСТВО:

a) Почните тако што ћете сецкати бели лук, а затим га комбиновати са гарбанзо пасуљем у блендеру и умутити. Резервишите 1 кашику гарбанзо пасуља за украс.

b) У блендеру помешајте резервисану течност, тахини сок од лимуна и со. Блендајте смесу док не постане глатка и кремаста.

c) Допола напуните посуду за сервирање смешом.

d) Зачините бибером и сипајте чорбу од поврћа. По жељи украсите гарбанзо пасуљем.

30. Хумус од артичоке

Израђује: 16 порција

САСТОЈЦИ:
- 2 шоље куваног гарбанзо пасуља
- 1 шоља срца од артичоке
- 6 чена белог лука
- 2 лимуна
- ½ кашичице паприке
- ½ кашичице кумина
- ½ кашичице кошер соли
- ½ кашичице белог бибера
- Дјевичанско маслиново уље

УПУТСТВО:

а) Исцедите сок од лимуна. Помешајте све састојке осим уља у чинији процесора за храну, укључите и полако улијте маслиново уље док се састојци обрађују до кремасте конзистенције.

31. Целер са хумусом од белог пасуља

Израђује: 2 порције

САСТОЈЦИ:

- ¼ фунте Испрани оцеђени бели бубрег из конзерве; (канелини) пасуљ
- 1 кашика тахинија; (сусам паста)
- 2 кашичице сецкане љутике
- 2 кашичице свеже цеђеног лимуновог сока
- ¼ кашичице белог лука у праху
- 1 цртица бибер
- 1 кашика ситно сецканог свежег копра ИЛИ 1/2 кашичице сушеног копра
- 2 медијума Ребра целера исечена на десет комада од 2"

УПУТСТВО:

а) Једноставно лагано кување У процесору за храну помешајте све састојке осим копра и целера и обрадите док смеса не буде као глатка паста. Умешајте копар. Нанесите једнаку количину мешавине пасуља на сваки комад целера.

32. Хумус од егзотичног пасуља

Прави: 1 порција

САСТОЈЦИ:

- 2 шоље куваног белог пасуља
- 1 кашика тахинија; (сусам путер)
- 1 кашика сецканог белог лука
- 3 кашике свежег лимуновог сока
- 2 кашике сецканог першуна
- 1 кашичица сецкане менте; опционо
- 1 кашичица сенфа од целог зрна
- ¼ кашичице сусамовог уља љуте паприке; или по укусу
- Со; окусити
- Свеже млевени црни бибер; окусити

УПУТСТВО:

a) У процесор за храну или блендер додајте све састојке осим сусамовог уља и соли и бибера и мешајте док не постане глатко. Додајте вруће сусамово уље и со и бибер по укусу и комбинујте са неколико кратких рафала.

b) По жељи разблажите мало течности за кување пасуља, воде или млаћенице.

c) Чувајте покривено у фрижидеру до 5 дана. Овај рецепт прави око 2 шоље хумуса.

33. Празнични хумус

Израђује: 1 порције

САСТОЈЦИ:

- 2 медијума Каранфилића од белог лука; (до 3)
- 1 веза свежег першуна
- 2 већа лука; исећи на комаде од 1 инча
- 2 конзерве (15-1/2 оз) сланутка; испрати и оцедити
- 6 кашика тахинија
- 6 кашика свежег лимуновог сока
- 1 кашичица соли

УПУТСТВО:

a) Ставите бели лук, першун и млади лук у процесор за храну и исецкајте.

b) Додајте сланутак, тахини, сок од лимуна и со и измјесите пире у густу пасту.

c) Чувајте у добро затвореној посуди за складиштење и ставите у фрижидер.

34. Хумус гуацамоле

Прави: 3 шоље

САСТОЈЦИ:

- По 1 Зрели авокадо, ољуштен
- 2 шоље Хумус би тахини
- 1 лук, сецкани
- 1 мали парадајз, сецкани
- 1 кашика зеленог чилија, сецканог
- Маслиново уље
- Цилантро, сецкани
- Пита

УПУТСТВО:

a) Ставите авокадо у средњу чинију. Згњечите и додајте хумус, добро измешајте. Нежно умешајте лук, парадајз и чили. Проверите зачине. Покријте и ставите у фрижидер. Пре сервирања, покапајте маслиновим уљем и украсите цилантром. Послужите са пита клиновима.

35. Хумус са сушеним парадајзом и цилантром

Производи: 3 шоље

САСТОЈЦИ:
- 2½ шоље куваног сланутка (1 шоља осушеног), оцеђеног (резервирајте мало течности) -или-
- 1 конзерва (15 унци) оцеђена (резервирајте мало течности)
- 3 велика чена белог лука, ситно исецкана (или по укусу)
- ¼ шоље лимуновог сока
- 3 кашике маслиновог уља -или-
- 2 кашике маслиновог уља -и-
- 1 кашика маслиновог уља са укусом чилија
- 3 кашике сусамовог тахинија
- ¼ шоље обичног немасног јогурта или јогурта без масти (више ако је потребно)
- ½ кашичице кумина
- 3 сушена парадајза у уљу, грубо исецкана (до 4)
- ¼ шоље свежег коријандера, ситно исецканог
- Со
- 1 жлица кајенског бибера, или по укусу (опционо)
- Мало ситно сецканог свежег цилантра за украс

УПУТСТВО:

a) Исецкајте бели лук у процесору за храну са челичним сечивом. Додајте сланутак. Обрадите око минут, док се сланутак не исецка и постане зрнаст.

b) Додајте лимунов сок, маслиново уље, тахини, половину јогурта и мало кајенског бибера. Обрадите док не постане глатко. Разблажите по жељи преосталим јогуртом и мало маслиновог уља. Смеша треба да буде глатка, али не течна. Ако вам се смеса чини превише сува, додајте мало резервисане течности од сланутка или још мало уља.

c) Извадите смесу из процесора за храну и ставите у чинију. Умешајте сецкани сушени парадајз и ситно исецкани цилантро. Пробајте и прилагодите зачине. Украсите додатно сецканим цилантром.

d) Послужите са сировим поврћем и/или пита хлебом нарезаним на троугласте кришке.

36. Хумус са тостираним пињолима и першуновим уљем

Прави: 1 порција

САСТОЈЦИ:

- ¼ шоље Упаковане свеже гранчице першуна са равним листовима
- ; плус 2 до 3 додатне гранчице
- ¾ шоље екстра девичанског маслиновог уља
- 3 кашике пињола
- 1 кашичица семена кумина
- 2 конзерве сланутка; (19 унци)
- 4 чена белог лука
- ⅔ шоље Добро промешани тахини*; (Блиски исток
- ; сусам паста)
- ⅔ шоље воде
- 5 кашика свежег лимуновог сока
- 1 кашичица соли
- Тостирани пита чипс

УПУТСТВО:

a) Загрејте рерну на 350 степени.

b) У блендеру или малом процесору за храну измиксајте ¼ шоље першуна са ¼ шоље уља. Сипајте смешу кроз фино сито постављено преко посуде, снажно притискајући чврсте материје и баците чврсте материје.

c) У малој посуди за печење тостирајте пињоле и семенке кима, повремено мешајући, док ораси не порумене, око 10 минута.

d) У цедиљку исперите и оцедите сланутак и у машини за храну изгњечите ½ шоље са белим луком док се бели лук ситно не исецка.

e) Додајте тахини, воду, лимунов сок, со, преостали сланутак и преосталу ½ шоље маслиновог уља и измиксајте док не постане глатка. Рецепт се може припремити до ове тачке 3 дана унапред.

f) Хумус и першуново уље држите охлађено, покривено, а пињоле и семенке кима у херметички затвореној посуди на собној температури. Пре употребе загрејте першуново уље на собној температури.

g) Скините листове са додатних гранчица першуна. Подијелите хумус између 2 плитке посуде и глатке врхове. Прелијте хумус першуновим уљем и поспите першуном, пињолима и семенкама кима.

h) Послужите хумус са пита тостовима.

37. Хумус са пумпањем и наром

Израђује: 4 порције

САСТОЈЦИ:

- 1 шоља куваног сланутка
- 1 шоља бундеве, куване и згњечене, или конзервисане бундеве
- 2 супене кашике тахинија, ориг се зове за 1/3 шоље
- ¼ шоље свежег першуна, млевеног
- 3 чена белог лука, млевено
- 2 нара

a) Пита хлеб, цепљен и загрејан, или други крекери, хлеб, поврће

b) Измиксајте сланутак, бундеву, тахини, першун и бели лук у пире.

c) Пребаците на тањир за сервирање.

d) Хлеб отворите нар и одвојите семенке од унутрашње мембране. Поспите семенке преко хумуса охлађеног или на собној температури са питама или другим "дипперс".

38. Хумус са укусом парадајза

Прави: 6 порција

САСТОЈЦИ:

- 16 конзерви сланутка
- 1 лимун
- 1 чена белог лука
- ½ кашичице тахинија
- 2 кашике маслиновог уља
- ½ кашичице соли
- 1 лук
- 1 парадајз
- 1 шоља грубо сецканог першуна

УПУТСТВО:

a) Оцедите сланутак, оставите ¼ шоље течности. Исцедите сок од лимуна.

b) Бели лук исецкати, сланутак и резервисану течност, сок од лимуна, бели лук, тахини, уље и со изгњечити у пире, док не постане глатко.

c) Исецкајте лук и парадајз и поспите першуном. Ставите хумус на тањир и поред њега поређајте сластице.

d) Прелијте хумус са додатним маслиновим уљем.

39. Хумус дип са ниским садржајем масти

Израђује: 4 порције

САСТОЈЦИ:
- 1 конзерва (16 оз) гарбанзо пасуља; леблебије
- 1 кашичица тахинија
- 1 кашичица екстра девичанског маслиновог уља
- 1 кашичица сецканог белог лука
- 1 кашика воде
- ¼ кашичице бибера
- 2 кашичице свежег лимуновог сока
- Кајенски бибер по укусу
- ½ кашичице кумина
- ⅛ кашичице соли
- 2 тврдо кувана јаја; жуманца уклоњена
- 2 кашике сецканих црних маслина
- 1 гранчица першуна

УПУТСТВО:

a) Оцедите и исперите гарбанзо пасуљ. Покушајте да уклоните што је могуће више лабавог спољног омотача зрна током процеса испирања. Одбаците ове спољне облоге. Све састојке осим јаја, маслина и першуна обрадите у блендеру или процесору хране док не постане глатка. Ставите у посуду за сервирање.

b) Уклоните жуманца и сачувајте за други рецепт или одбаците. Беланца исецкати на комадиће, помешати са маслинама и посути по умаку.

c) За сервирање украсите першуном.

40. Саскатцхеван хуммус

Израђује: 12 порција

САСТОЈЦИ:
- ¼ шоље путера од кикирикија
- ½ кашичице кумина
- ½ кашичице соли
- 2 чена белог лука
- 2 кашике лимуновог сока
- 3 супене кашике; топла вода
- 1 кашичица сусамовог уља
- 2½ шоље жутог грашка; кувана
- Свежи першун
- Кикирики; опционо
- Црне маслине; опционо

Већина рецепата за хумус почиње са пасуљем Гарбанзо; ова варијација користи жути грашак и мало путера од кикирикија.

УПУТСТВО:
а) Помешајте путер од кикирикија, ким, со и бели лук. Додајте лимунов сок, топлу воду и сусамово уље; добро промешати. Пасирајте грашак; додајте путер од кикирикија и промешајте. Украсите першуном и по жељи сецканим кикирикијем или нарезаним црним маслинама. Послужите уз пита хлеб и свеже поврће за умакање.

41. Песто хумус

Прави: 1 порција

САСТОЈЦИ:
- 1 конзерва сланутка (гарбанзо пасуљ), скоро оцеђен (садржати сок)
- 2 везе босиљка (или тако), исецканог.
- ½ лимуновог сока

УПУТСТВО:
a) Ставите сланутак, босиљак и мало лимуна у чинију. Направите пире помоћу блендера. Додајте лимунов сок док конзистенција и укус не буду пријатни. Ако је још превише густо, можете додати мало остатка сока из конзерве сланутка. Послужите као дип или користите као намаз на свежем хлебу.

42. Кремасти хумус од карфиола

Марке: 8

САСТОЈЦИ:
- 1 глава карфиола, исечена на цветове
- 2 кашике свежег сока од лимете
- 1 кашичица белог лука, исецкан
- 1/3 шоље тахинија
- 3 кашике маслиновог уља
- Бибер
- Со

УПУТСТВО:
a) Раширите карфиол на плех.

b) Изаберите режим печења, а затим подесите температуру на 400 °Ф и време 35 минута. Притисните старт.

c) Када се рерна за фритезу загреје, ставите плех у рерну.

d) Пребаците карфиол у процесор хране. Додајте преостале САСТОЈКЕ: и обрадите док не постане глатко.

e) Послужите и уживајте.

43. Хумус од печене шаргарепе

САСТОЈЦИ:

- 1 конзерва сланутка, испрана и оцеђена.
- 3 шаргарепе.
- 1 чен белог лука.
- 1 кашичица паприке.
- 1 пуна кашика тахинија.
- Сок од 1 лимуна
- 2 кашике додатног девичанског маслиновог уља.
- 6 кашика воде.
- ½ кашичице кима у праху.
- Соли по укусу.

УПУТСТВО:

a) Загрејте рерну на 400° Ф. Оперите и огулите шаргарепу и исеците је на ситно, ставите у плех са мало маслиновог уља, прстохватом соли и пола кашичице паприке. Пеците око 35 минута док шаргарепа не омекша.

b) Извадите их из рерне и оставите да се охладе.

Док се хлади, припремите хумус: леблебије добро оперите и оцедите и ставите у млин са остатком активних САСТОЈЦА: и радите док не видите добро сједињену смесу. Затим додајте шаргарепу и бели лук и поновите поступак!

44. <u>Хуммус Цезар дресинг</u>

Израђује: 8 порција

САСТОЈЦИ:
- ¼ шоље веганског хумуса купљеног у продавници
- 1 кашичица зачињеног сенфа
- ½ кашичице лимунове коре
- 3 кашике лимуновог сока
- 2 кашичице капара, млевених, плус сок од саламуре
- 4 чена белог лука, млевеног
- 1 прстохват морске соли + бибер
- 1 кашичица јаворовог сирупа
- Врућа вода

УПУТСТВА

a) У посуди за мешање помешајте хумус, зачињену сенф, лимунову корицу, лимунов сок, капаре, сок и бели лук.

b) Добро умутите да се сједини.

c) Додајте мало вреле воде да се разблажи док се не разлије и умутите док не постане кремаста и глатка.

d) Користите одмах или чувајте у фрижидеру до 5-7 дана.

ХУММУС ДИСХЕС

45.   Краставац сеитан Роллупс

Прави: 6 порција

Сви ће желети да покупе једну од ових лепих ролница поврћа и протеина. Ставите један у уста и уживајте у укусима и текстурама.

САСТОЈЦИ:

- 1 црвена паприка
- 1 наранџаста паприка
- 1 жута паприка
- 2 6-инчна краставца
- ¼ шоље хумуса
- ¼ кашичице соли
- ¼ кашичице млевеног црног бибера
- ⅓ шољице сеитана, измрвљених (споро кувало за танке кришке и мрвице

УПУТСТВО:

а) Нарежите паприке док не добијете осамнаест танких трака величине чачкалице сваке боје, а затим исецкајте преостале паприке на врло ситне коцкице (требало би да буде најмање 3 кашике сваке боје; можда вам остане мало). Оставите на страну.

b) Употријебите гулити за поврће да одрежите дугачке траке са краставаца. Држите исти правац тако да на свакој дугачкој ивици трака буде мало зелене боје. Исеците на све четири стране и одбаците средишњи део семена. Имаћете око две или три кришке са сваке од четири стране краставца.

c) Распоредите кришке. Распоредите око 2 кашичице хумуса по средини сваке траке; равномерно распоредите, држећи се мало даље од дугачке ивице. Поспите мало соли и бибера на сваки краставац прекривен хумусом. Сада поспите око 1½ кашичице мешавине сеитана и сецкане паприке на сваку кришку.

d) Сваки краставац уролајте и учврстите чачкалицом. Поставите на њихове стране и гурните три траке паприке различитих боја у средину на различитим висинама. Мораћете да скратите неке од њих да бисте постигли овај изглед.

46. Песто и хрскави тофу хлебни сендвич

Прави: 2 порције

САСТОЈЦИ:
- Тофу
- 2 унце екстра чврстог тофуа, оцеђеног, притисните и исеците на коцке од 1 инча
- ¼ шоље чорбе од поврћа
- 1 кашика тамари
- 1 кашичица лука у праху
- ¼ кашичице соли
- ¼ шоље кукурузног шкроба
- Песто
- ¼ шоље сирових индијских орашчића, натопљених 1 сат
- 1 шоља босиљка, упакована
- 1 чен белог лука
- ½ кашичице соли
- 2 кашике нутритивног квасца
- 3 кашике екстра девичанског маслиновог уља
- Да окупи
- 1 кашика кокосовог уља
- ¼ шоље лука исеченог на коцкице
- 6 печурака, нарезаних
- ¼ шоље хумуса
- 2 кришке сомуна
- ½ шоље клица сунцокрета

УПУТСТВО:
Тофу
a) Помешајте бујон од поврћа, тамари, лук у праху и со у малој посуди. Додајте тофу и оставите да се маринира најмање 1 сат.
b) Загрејте рерну на 350 ° Ф.
c) Ставите кукурузни скроб у средњу посуду.
d) Извадите тофу из маринаде и ставите на кукурузни скроб. Баците и затим ставите на лим за печење. Пеците 30 до 40 минута. Баците лопатицом сваких 10 минута док не постане златно и напухано.

e) Песто

f) Ставите индијске орашчиће, босиљак, бели лук и со у мали процесор хране. Обрадите око 30 секунди. Додајте нутритивни квасац и маслиново уље и обрадите још неколико секунди док се добро не сједине.

g) Скупштина

h) Загрејте кокосово уље у тигању на средње јакој ватри. Додајте лук и печурке и динстајте око 10 до 15 минута или док лук не постане провидан. Уклоните са ватре.

i) На сваки сомун распоредите половину хумуса. На сваки сомун распоредите половину песта. Поспите половину тофуа, клице сунцокрета, печурке и лук по средини сваког сомуна. Пресавијте сваки сомун да се преклапа и причврстите украсним крамповима.

47. Салата од микрозелена од броколија са авокадом

Произвођачи: 2

САСТОЈЦИ:
- 1 шоља броколија микрозелена
- 1 кашика сланих сунцокретових семенки
- ¼ авокада, исеченог на комаде
- 2 кашике домаћег винаигрета
- 2 кашике хумуса од лимуна
- ½ шоље ким купуса

УПУТСТВО:
a) Баците микрозеленье са ким купусом, кришкама авокада и семенкама сунцокрета на великом тањиру.
b) Прелијте хумусом и дресингом, а затим зачините свеже млевеним бибером.

48.　Сендвич тофу хлеба са белим луком

Прави: 2 порције

САСТОЈЦИ:
ТОФУ
- 2 унце екстра чврстог тофуа, оцеђеног, пресованог и исеченог на коцке од 1 инча
- ¼ шоље кукурузног шкроба
- ¼ шоље чорбе од поврћа
- 1 кашика тамари
- ¼ кашичице соли
- 1 кашичица лука у праху

ПЕСТО
- 1 шоља босиљка, упакована
- ½ кашичице соли
- 3 кашике екстра девичанског маслиновог уља
- 2 кашике нутритивног квасца
- ¼ шоље сирових индијских орашчића, натопљених 1 сат
- 2 чена белог лука

СЛУЖИТИ
- 1 кашика кокосовог уља
- ¼ шоље лука исеченог на коцкице
- 6 печурака, нарезаних
- ¼ шоље хумуса
- 2 кришке сомуна
- ½ шоље клица сунцокрета

УПУТСТВО:

ТОФУ
a) Загрејте рерну на 350 ° Ф.
b) Помешајте бујон од поврћа, тамари, лук у праху и со у посуди.
c) Издубите тофу и маринирајте тофу најмање сат времена.
d) Ставите кукурузни скроб у посуди.
e) Извадите тофу из маринаде и ставите га на кукурузни скроб.
f) Баците и затим ставите на лим за печење.

g) Пеците 40 минута.

h) Сваких 10 минута мешајте лопатицом док не постану златне и напухане.

ПЕСТО

a) У малом процесору за храну помешајте индијске орашчиће, босиљак, бели лук и со. Обрадите 30 секунди.

b) Додајте нутритивни квасац и маслиново уље и кувајте још неколико секунди.

АССЕМБЛИ

a) У тигању на средње јакој ватри истопите кокосово уље. Пирјајте лук и печурке 10 минута, или док лук не постане провидан. Скините тигањ са ватре.

b) На сваки сомун распоредите половину хумуса и половину песта.

c) Сваки сомун напуните половином тофуа, клицама сунцокрета, печуркама и луком.

d) Пресавијте сваки сомун на пола, а затим га причврстите чачкалицама.

49. Кокосови шкампи са кари хумусом

Чини: 2 туцета

САСТОЈЦИ:
- ¾ шоље Незаслађено исецкано
- кокос (око 2 оз)
- 12 медијума Шкампи, ољуштени
- Преполовљен по дужини,
- И девеинед
- Со и бибер
- 3 кашике меда
- ½ шоље припремљеног хумуса (око 4 оз)
- 2 кашичице Мадрас кари праха
- 24 Минијатурни пападум или
- 2 пита хлеба
- Подели на пола
- Хоризонтално, а затим исеците
- На кришке и тост
- 24 листова цилантра

УПУТСТВО:
a) Загрејте рерну на 350 Ф. Тостирајте кокос око 5 минута, повремено мешајући, док не постане златно и хрскаво. Пребаците на тањир и оставите да се охлади.
b) Зачините шкампе сољу и бибером и премажите медом.
c) Убаците шкампе у кокос и поређајте их у плех.
d) Пеците око 7 минута, или док се шкампи не скувају. Остави да се охлади.
e) У малој чинији помешајте хумус и кари у праху/пребаците у кесу за пециво са малим округлим врхом и напијте количину хумуса од карија од сваког пападума (или комада пита). Или ставите хумус на пападум. Прелијте сваки пападум кокосовим шкампима, украсите листом коријандера и послужите.

50.   Копља од броколија са слатким хумусом

Израђује: 1 порције

САСТОЈЦИ:
- Сауци Хуммус;, (испод)
- 1½ фунте броколи копља
- 1 шоља конзервираног гарбанзо пасуља
- ½ шоље оригиналног обичног јогурта
- 1 кашика упакованог свежег цилантра или першуна
- 1 кашика сока од лимете
- ¼ кашичице соли
- САУЦИ ХУММУС

УПУТСТВО:
a) Припремите Сауци Хуммус.

b) Загрејте 1 инч воде (посољену по жељи) до кључања у лонцу од 3 литре.

c) Додајте броколи.

d) Загрејати до кључања; смањити топлоту. Крчкајте 10 до 12 минута или док стабљике не омекшају. Послужите сос преко бролколија.

e) Сауци хуммус: Ставите све састојке у процесор хране или блендер. Покријте и обрадите или блендајте на високој температури док не постане глатко.

51.   Хуммус тамалес

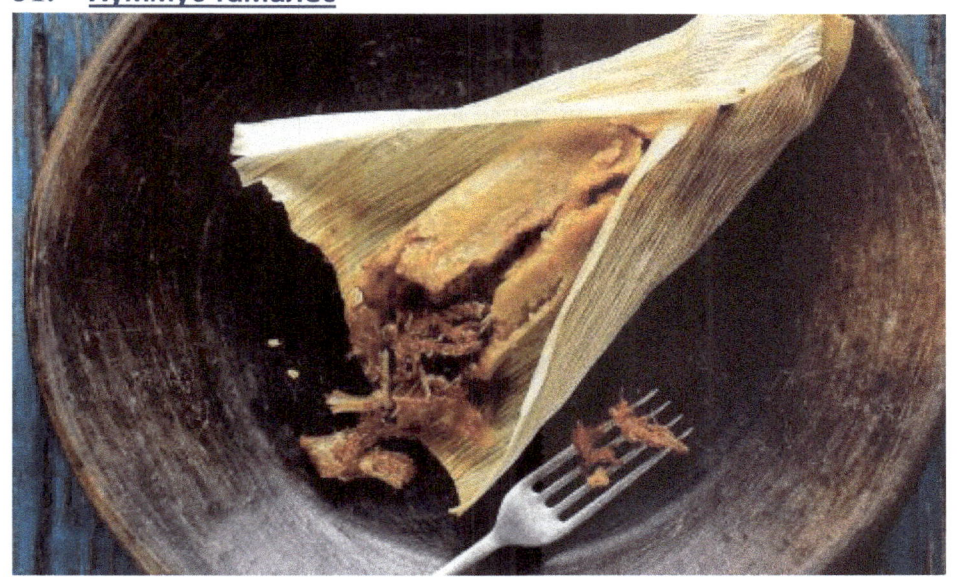

Прави: 9 порција

САСТОЈЦИ:
- 1 Основни рецепт за тесто за масу
- 3 шоље сланутка; кувана
- ½ шоље сусамовог тахинија
- 6 кашика сирћета, смеђи пиринач
- 18 Кукурузне љуске
- 3 чена белог лука; млевено
- 3 кашике першуна, свежег; исецкани
- 2 кашике Тамари
- ФИЛЛИНГ

УПУТСТВО:
Да направите пуњење:

a) Изблендајте фил САСТОЈЦИ: у машини за обраду хране да направите густу пасту.

b) Додајте мало воде, ако је потребно, да бисте постигли жељену конзистенцију.

c) Пуните и кувајте тамалес према "Тамалес: Основни поступак".

52.   Хумус са пита тостовима

Израђује: 4 порције

САСТОЈЦИ:
- 3 чена белог лука; пире
- 2 6" пита хлеба
- 3 тб путера; растопљени
- 19 оз конзерва сланутка; испрати/оцедити 3 тб тахинија (паста од сусама) 1 тб маслиновог уља
- 3 кашике свежег лимуновог сока
- 1 тс соли
- 1 тс маслиновог уља за украс
- Свежи першун; исецкани
- Вода

УПУТСТВО:
a) Грубе стране пита троуглова премажите путером, поспите их сољу по укусу и испеците на плеху у горњој трећини загрејаног на 400 степени. рерну до златне боје, око 6-8 минута.

b) У процесору за храну помешајте сланутак, тахини, уље, лимунов сок, пасту од белог лука и бибер и довољно воде да покрије смесу по укусу док не постане глатка. Може се направити 1 дан унапред и расхлађено.

c) Поспите першуном и покапајте мало маслиновог уља и поспите першуном за послуживање уз пита тостове.

53. Хумус-кус-кус векна

Прави: 4 порције

САСТОЈЦИ:
- 1 шоља кус-куса
- 2½ шоље воде
- ¼ шоље воде
- 1 кашичица маслиновог уља
- 1 мали патлиџан, исечен на траке величине прженог пржења
- 2 шаргарепе, исецкане на веома ситне комаде (млевене)
- 2 чена белог лука, млевеног
- ¼ кашичице соли Свеже млевени црни бибер, по укусу
- 1½ шоље куваног слланутка
- 1 кашика сусам тахини пасте Свеже цеђеног лимуновог сока од 1/2 лимуна
- 1½ шоље чорбе од поврћа или 1 1/2 шоље воде помешане са 1 кашиком зачина за чорбу од поврћа
- 2 кашике замене за јаја или кромпировог скроба
- 2 кашике пшеничног брашна Паприка, свеже млевени црни бибер

УПУТСТВО:
a) Загрејте рерну на 350 степени.
b) У шерпу додајте кус-кус и воду. Пустите да проври, а затим смањите ватру и поклопите. Кувајте док не нестане сва вода, око 10 минута. Затим искључите топлоту.
c) Док се кус-кус кува, пропржите поврће. На великом тигању попрскајте маслиново уље на тигањ или га премажите четком за пециво. Додајте воду и загревајте на умереној ватри док вода не почне да кључа. Додајте траке патлиџана, шаргарепу, бели лук, со и бибер. Пирјајте док не омекша, додајући још мало воде ако је превише суво. Затим искључите топлоту.
d) У чинији за мешање или блендеру помешајте слланутак, тахини пасту, лимунов сок и чорбу од поврћа. Користећи ручни блендер или блендер, умутите у глатку пасту. Затим додајте

замену за јаја или кромпиров скроб и брашно. Блендајте док не постане глатко.

e) Када је ватра искључена на великом тигању, додајте мешавину сланутка (хумус) у поврће и добро премажите. Затим додајте кус-кус и умешајте мешавину поврћа/хумуса у кус-кус.

f) Стаклени плех за хлеб лагано подмажите маслиновим уљем. Додајте мешавину кус-куса/поврћа/хумуса. Притисните у калуп за хлеб. Поспите врх векне паприком и црним бибером.

g) Пеците 50-55 минута. Оставите да одстоји 10-15 минута пре сервирања. Послужите у дебелим кришкама са зеленим поврћем као што је кувани спанаћ, салатом попут зелене салате преливене свежим кришкама поморанџе, а по жељи и хлебом као што је топао пита хлеб од целог зрна пшенице.

54.   Слатки кромпир са слатким хумусом

Израђује: 12 порција

САСТОЈЦИ:
- 6 средњих слатки кромпир
- ½ кашичице млевеног кима
- ½ кашичице соли
- ¼ кашичице белог лука у праху
- ¼ кашичице паприке
- 2 кашике маслиновог уља
- Спреј за кување поврћа
- 5 кашика воде
- 2 кашике тахинија, (паста од сусама)
- 2 кашике лимуновог сока
- 1 кашичица млевеног кима
- 1 кашичица млевеног коријандера
- ½ кашичице млевене црвене паприке
- 15 унци Гарбанзо пасуља, (1 конзерва) оцеђеног
- 1 чена белог лука

УПУТСТВО:
a) Исеците сваки кромпир по дужини на 8 клинова; ставите у велику посуду. Додајте ½ кашичице кима и следећа 3 САСТОЈКА:; добро бацити.
b) Прелијте уљем кришке, добро промешајте да се премазују.
c) Поређајте клинове у једном слоју на плех обложен спрејом за кување. Пеците на 450 степени 20 минута или док не омекша.
d) Поставите оштрицу ножа у посуду процесора за храну и додајте воду и следећих 7 САСТОЈКА:. Обрадите 4 минута или док смеса не постане глатка.

55. <u>Кришке патлиџана на жару са хумусом</u>

САСТОЈЦИ:

- 1 патлиџан, исечен по дужини
- 2 кашике маслиновог уља
- 2 кришке црног хлеба
- 150 г хумуса
- 50 г ораха, тостираних
- 40 г першуна, исецканог лишћа
- 100 г чери парадајза, нарезан на четвртине
- сок од ½ лимуна

УПУТСТВО:

a) Положите патлиџан на лим за печење. Додајте маслиново уље, па зачините. Пеците на роштиљу 15 минута, окрећући два пута док се не скува. Умутите хлеб у мрвице.

b) На кришке патлиџана намажите хумус. Ставите презле на тањир, а затим утисните хумус страну патлиџана у мрвице да се премажу. Поново пеците на роштиљу, са мрвицама нагоре, 3 минута. до златне.

c) У чинију додајте орахе, першун и парадајз, зачините, па додајте лимунов сок. Послужите уз салату.

56. <u>Кутија за бистро са пилетином и хумусом</u>

САСТОЈЦИ:

- 1 фунта пилећих прса без костију и коже, исечених на траке
- ½ кашичице белог лука у праху
- ¼ кашичице лука у праху
- Кошер со и свеже млевени црни бибер, по укусу
- 1 краставац, танко нарезан
- 4 мини пита од целог зрна пшенице
- 1 шоља чери парадајза
- ½ шоље хумуса (домаћег или купљеног)

УПУТСТВО:

a) Загрејте роштиљ на средње јакој ватри. Зачините пилетину са белим луком у праху, луком у праху, сољу и бибером.

b) Додајте пилетину на роштиљ и пеците, окрећући једном, док се не скува и док сокови не исцуре, 5 до 6 минута са сваке стране; оставити на страну док се не охлади.

c) Поделите пилетину, краставац, пита хлеб, парадајз и хумус у посуде за припрему оброка. Оставите у фрижидеру до 3 дана.

57. <u>Раинбов хуммус веггие пинвхеелс</u>

САСТОЈЦИ:

- 2 кашике хумуса
- 1 (8 инча) тортиља од спанаћа
- ¼ шоље танко исечене црвене паприке
- ¼ шоље танко исечене жуте паприке
- ¼ шоље танко исечене шаргарепе
- ¼ шоље танко исеченог краставца
- ¼ шоље беби спанаћа
- ¼ шоље сецканог црвеног купуса
- ¼ шоље клица луцерке
- ½ шоље јагода
- ½ шоље боровнице

УПУТСТВО:

a) Распоредите хумус по површини тортиље у равномерном слоју, остављајући ивицу од ¼ инча. Ставите паприке, шаргарепу, краставац, спанаћ, купус и клице у центар тортиље.

b) Ставите доњу ивицу тортиље чврсто преко поврћа, савијајући са стране. Наставите да ваљате док се не достигне врх тортиље. Исеците на шестине.

c) Ставите зверке, јагоде и боровнице у посуду за припрему оброка. Оставите у фрижидеру 3 до 4 дана.

58. **Сирови Тацо Боатс**

Порције 4

САСТОЈЦИ:
- 1 глава ромаине салате
- 1/2 шоље сировог хумуса од репе
- 1 шоља преполовљених чери парадајза
- 3/4 шоље танко исеченог црвеног купуса
- 1 средње зрео авокадо (на коцкице)

УПУТСТВО:
a) Поређајте чамце зелене салате на тањир за сервирање и почните да пуните са 1-2 кашике (15-30 г) хумуса.
b) Затим прелијте парадајзом, купусом и авокадом.

59. Тофу бурито

САСТОЈЦИ:

- 1 чврсти или екстра чврст тофу од 12 унци.
- 1 кашичица уља (или 1 кашика (15 мл) воде).
- 3 чена белог лука (млевено).
- 1 кашика хумуса (купованог у продавници или уради сам).
- 1/2 кашичице чили праха.
- 1/2 кашичице кима.
- 1 кашичица дијететског квасца.
- 1/4 кашичице морске соли.
- 1 прстохват кајенске паприке.
- 1/4 шоље млевеног першуна.
- поврће:

УПУТСТВО:

a) Загрејте рерну на 400 ° Ф (204 ° Ц) и обложите лим за печење папиром за печење.

b) Додајте кромпир и црвену паприку у плех, покапајте уљем (или водом) и зачинима и промешајте да се сједини. Пеците 15-22 минута или док виљушка не омекша и мало порумени. Укључите кељ у последњих 5 минута.

c) У међувремену, загрејте велики тигањ на средњој ватри. Чим се загреје, додајте уље (или воду), бели лук и тофу и динстајте 7-10 минута, често мешајући, да мало порумене.

d) У међувремену, у малу посуду за мешање убаците хумус, чили у праху, кумин, нутритивни квасац, со и кајенски чај (опционо). Наставите са додавањем воде све док се не формира течни сос. Додајте мешавину зачина у тофу и наставите да кувате на средњој ватри док благо не порумени - 3-5 минута.

e) Укључите издашне порције печеног поврћа, умућени тофу, авокадо, цилантро и мало салсе. Наставите док се не потроше сви украси - око 3-4 велика буритоса.

Произвођачи: 2

САСТОЈЦИ:

- 6 кашика Едамаме хумуса
- 2 тортиље од брашна
- ½ шоље сецкане шаргарепе и купуса
- 1 шоља свежег беби спанаћа
- 6 кришки парадајза
- 2 кашике прелива за салату

УПУТСТВО:

a) Ставите кашичицу хумуса на сваку тортиљу.

b) Прелијте дресингом и премажите купусом и шаргарепом, спанаћем и парадајзом.

c) Чврсто намотајте.

d) Загрејте у микроталасној пећници 2 минута.

63. <u>**Хумус омотач са изданцима ротквице**</u>

САСТОЈЦИ:
- Једна тортиља, било коју врсту
- 1 ½ – 2 Т хумуса
- ½ Ц пролећна мешавина
- 1 шаргарепа, обријана
- Здрава шака клица ротквице
- Фета сир се мрви

УПУТСТВО:
1. Намажите тортиљу хумусом.
2. Помешајте поврће у чинији и распоредите на тортиљу.
3. На врх ставите мало фета мрвица и добро умотајте.

64.   Салата за доручак од грејпфрута, авокада и пршуте

Укупно: 10 мин

САСТОЈЦИ:
- 1 мали рубин црвени грејпфрут
- 2 шоље сецканих пилећих прса без коже и костију
- ¾ кашичице тамног сусамовог уља
- ⅛ кашичице свеже млевеног црног бибера
- Цртица кошер соли
- 1 шоља микро зеленила, беба рукола или исцепана зелена салата
- ½ зрелог ољуштеног авокада, танко исеченог
- ¾ шоље комадића свежег ананаса
- 1/2 шоље сецкане јабуке Гранни Смитх
- ¼ шоље шаргарепе
- 1/4 шоље Едамаме
- 1 врло танак комад пршуте
- остатак хумуса
- 3 кашике сецканих тостираних лешника
- крекери са више семена

УПУТСТВО:
a) Огулити грејпфрут; исеците делове грејпфрута преко средње посуде. Исцедите мембране да извучете око 1 кашику сока.

b) Оставите делове по страни. Додајте уље, бибер и со у сок, мешајући пјењачом. Додајте зеленило; бацити на капут.

c) Распоредите зеленило на тањир; на врху са деловима грејпфрута, авокадом, ананасом, едамамеом, шаргарепом и пршутом.

d) Послужите уз хумус, лешнике и крекере са више семена.

65. <u>Чипс од морске соли</u>

Производи: 1

САСТОЈЦИ:
- 4 средње цвекле, исперите и нарежите танко
- 1 кашичица морске соли
- 2 кашике маслиновог уља
- Хумус, за сервирање

УПУТСТВО:
a) Загрејте фритезу на 380 ° Ф.
b) У великој посуди помешајте цвеклу са морском сољу и маслиновим уљем док не буде добро премазана.
c) Ставите кришке цвекле у фритезу и раширите их у једном слоју.
d) Пржите 10 минута. Промешајте, па пржите још 10 минута. Поново промешајте, а затим пржите последњих 5 до 10 минута, или док чипс не постигне жељену хрскавост.
e) Послужите уз омиљени хумус.

66. Фалафел питтас са хумусом и салатом

Марке: 6

САСТОЈЦИ:
- 500 г сушеног слanутка
- 1 мали лук, грубо исецкан
- 2 чена белог лука, згњечена
- мала гомила коријандера, грубо исецканог
- мала веза першуна са равним листовима, грубо исецканог 1 кашика семена кима
- 1 кашика семена коријандера
- 1-2 кашичице сушених пахуљица чилија (опционо)
- 4 кашике обичног брашна
- 1 препуна кашичица прашка за пециво
- соли и свеже млевеног црног бибера
- 6 великих питта хлебова, тостираних и нарезаних отворених љутих чили соса (опционо)

ЗА ХУМУ
- 1 кашичица соде бикарбоне
- 160 г светлог тахинија
- 3 чена белог лука, згњечена
- сок од ½ лимуна или по укусу
- 6-7 кашика хладне воде

ЗА САЛАТУ
- 250 г чери парадајза, ситно исеченог на коцкице
- 3 млада лука, танко нарезана
- ½ краставца, ситно исецканог на коцкице
- мала шака коријандера и першуна са равним лишћем, ситно исецканог 2 кашике маслиновог уља
- мало црвеног винског сирћета, по укусу

УПУТСТВО:

a) Потопите сланутак преко ноћи у доста хладне воде.

b) Сланутак добро оцедити и одмерити у чинију; требало би да се удвоструче у тежини. Додајте 750 г сланутка у процесор хране - то ће постати фалафели. Додајте лук, бели лук и зачинско биље и мешајте док не добијете мрвичасту смесу.

c) Ставите ким, коријандер и чили, ако их користите, у мањи тигањ и пржите их минут на јакој ватри док не осетите њихов мирис како се шири из тигања.

d) Сипајте у тучак и малтер и грубо самељите пре додавања у машину за храну. Додајте брашно, 4 кашике хладне воде, прашак за пециво и обилан зачин соли и бибера, а затим поново мешајте док не добијете грубу пасту.

e) Сипајте у чинију и оставите у фрижидеру сат времена. Ово омогућава да се укуси развију и омогућава да се сланутак натопи влагом. Оперите и осушите процесор хране.

f) Док се фалафел мешавина одмара, направите хумус. Сипајте преостали сланутак у велику шерпу. Поспите преко соде бикарбоне и добро прелијте свежом хладном водом. Ставите тигањ на средње јаку ватру и доведите до кључања, кувајте 25-35 минута, док не омекша.

g) Оцедите сланутак и ставите га у чисту машину за храну, заједно са тахинијем, белим луком и лимуновим соком. Обрадите док не добијете грубу пасту.

h) Док мотор ради, почните да додајете хладну воду, кашику по кашику, док хумус не буде глатки колико желите. Ја волим свој што је могуће глаткији, али обрадите мало мање времена ако волите грубље.

i) Зачините по укусу сољу и бибером, исцедите још сока од лимуна ако желите, и остругајте у чинију. Оставите по страни да се одморите док наставите са фалафелима.

j) Загрејте уље у фритези на 180°Ц/350°Ф. Узмите кашике мешавине фалафела и уваљајте лоптице величине ораха.

k) Морате јако чврсто притиснути и стиснути смешу како се не би распала током кувања; коришћење благо влажних руку помаже у спречавању превелике лепљивости.

l) Поновите са остатком смесе, поређајући их на плех за печење. Пржите у серијама у загрејаном уљу 4-5 минута, док не постану златне и хрскаве, док се оцеђују на кухињском папиру.

m)   Све САСТОЈЦИ за салату сјединити: заједно у чинији, зачинити по укусу са мало соли и бибера.

n) За послуживање, намажите велику кашику или две хумуса унутар отвореног питта хлеба; на врх ставите неколико фалафела, мало салате и мало чили соса, ако користите.

67. Раинбов Веггие Протеин Пинвхеелс

Прави: 6 порција

САСТОЈЦИ:
- ¼ шоље хумуса
- ¼ шоље темпеха, измрвљених у процесору хране
- 2 велике тортиље од спанаћа
- ¼ шоље танко исечене црвене паприке
- ¼ шоље танко исечене жуте паприке
- 1 шаргарепа, танко нарезана
- ¼ шоље веома танко исеченог љубичастог купуса

УПУТСТВО:
a) Помешајте хумус и темпех.

b) Изложите тортиље. Нанесите мешавину хумуса у танком слоју по целој површини сваке тортиље, заустављајући се 1 инч од ивица. Положите танку траку сваког од четири поврћа, једно поред другог, преко мешавине хумуса.

c) Сваку тортиљу чврсто уролајте и исеците попречно на точкице. Можете користити чачкалице ако је потребно, али хумус им помаже да се држе заједно на ивицама.

ДИПС

68.   Брицк Цхеесе Дип

Израђује: 2 порције

САСТОЈЦИ:
- 3 оз рицотта сира
- 3 оз свеже ренданог сира од цигле
- 3 кашике свежег листова тимијана
- 6 оз козјег сира
- 1 оз пармезана твをрдог сира, свеже наренданог
- 4 траке дебело исечене сланине, куване и измрвљене
- Сол и бибер, по укусу

УПУТСТВО:
a) Припремите рерну за печење.
b) Комбинујте све састојке у посуди за печење.
c) Посути пармезан преко јела.
d) Пеците у загрејаној рерни 5 минута, или док сир не почне да порумени и да мехуриће.
e) Извадите из рерне и одмах послужите.

69. Блуе Цхеесе & Гауда Цхеесе Дип

Израђује: 2 порције

САСТОЈЦИ:
- 2 кашике несланог путера
- 1 шоља слатког лука, исеченог на коцкице
- 2 шоље крем сира, на собној температури
- ⅛ кашичице соли
- ⅛ кашичице белог бибера
- ⅓ шоље Монтуцки хладне грицкалице
- 1 ½ шоље сецкане лажне пилетине
- ½ шоље меденог сенфа, плус још за прскање
- 2 кашике ранч прелива
- 1 шоља исецканог цхеддар сира
- 2 шоље сира Гауда, исецканог
- 2 кашике прелива од плавог сира
- ⅓ шоље измрвљеног плавог сира, плус још за прелив
- ¾ шоље меденог ББК соса, плус још за заливање

УПУТСТВО:
a) У великом тигању истопите путер на лаганој ватри.

b) Помешајте лук исечен на коцкице и зачините сољу и бибером.

c) Кувајте 5 минута, или док мало не омекша.

d) Кувајте, често мешајући, док се лук не карамелизује, око 25 до 30 минута.

e) Загрејте рерну на 375 ° Ф.

f) Премажите посуду за печење од 9 инча непријањајућим спрејом за кување.

g) У великој посуди за мешање помешајте крем сир, сав сир, ББК сос, сенф од меда, ранч прелив и плави сир.

h) Додајте карамелизовани лук и лажну пилетину.

i) Ставите тесто у посуду за печење.

j) Украсите преосталим сиром.

k) Пеците умак 20-25 минута, или док не порумени.

l) Послужите одмах.

70.   Пуб Цхеесе Дип

Израђује: 2 порције

САСТОЈЦИ:
- 3 кашике грубо исецканих, киселих јалапено паприка
- 1 шоља тврдог јабуковача
- ⅛ кашичице млевене црвене паприке
- 2 шоље исецканог екстра оштрог, жутог чедар сира
- 2 шоље исецканог Цолби сира
- 2 кашике кукурузног шкроба
- 1 кашика дижон сенфа
- 60 крекера

УПУТСТВО:
a) У средњој посуди за мешање помешајте чедар сир, Колби сир и кукурузни скроб. Ставите на страну.

b) У средњем тигању помешајте јабуковачу и сенф.

c) Кувати до кључања на средње јакој ватри.

d) Полако умутите мешавину сира, мало по мало, док не постане глатка.

e) Искључите топлоту.

f) Умешајте јалапено и црвене паприке.

g) Ставите смешу у спори лонац од 1 литре или лонац за фонду.

h) Држите топло на лаганој ватри.

i) Послужите уз крекере.

71.   Спици Цорн Дип

Израђује: 6 порција

САСТОЈЦИ:
- 1 кашика екстра девичанског маслиновог уља
- ½ фунте зачињене италијанске кобасице
- 1 средњи црвени лук, исечен на коцкице
- 1 велика црвена паприка, нарезана на коцкице
- 1 шоља павлаке
- 4 унце крем сира, на собној температури
- 4 шоље замрзнутог кукуруза, одмрзнутог
- ½ шоље сецканог зеленог лука
- 1 велики јалапењо, исечен на коцкице
- 4 чена белог лука, исецкана
- 1 кашика сецканог цилантра
- 2 кашичице креолског зачина
- 1 кашичица млевеног црног бибера
- 1 шоља исецканог оштрог цхеддар сира, подељеног
- 1 шоља исецканог сира Цолби Јацк, подељена
- Биљно уље, за подмазивање

УПУТСТВО:
a) Загрејте рерну на 350 степени Ф.

b) У великом тигању на средњој ватри загрејте уље. Додајте италијанску кобасицу и кувајте док не порумени. Убаците лук и паприке. Кувајте док не омекшају.

c) Додајте павлаку и крем сир. Мешајте док се добро не сједини, а затим додајте кукуруз, зелени лук, халапењо, бели лук и цилантро. Наставите да мешате састојке док се све добро не уклопи. Поспите креолским зачинима, црним бибером, ½ шоље чедара и ½ шоље сира Цолби Јацк. Добро промешати.

d) Лагано намастите посуду за печење, а затим додајте мешавину кукуруза. Прелијте преосталим сиром и пеците непокривено 20 минута. Мало охладите пре сервирања.

72. Дип за пицу са ниским садржајем угљених хидрата

Прави: 1 порција

САСТОЈЦИ:
- 6 оз. Крем сир у микроталасној пећници
- 1/4 шоље павлаке
- 1/2 шоље моцарела сира, исецканог
- Сол и бибер по укусу
- 1/4 шоље мајонеза
- 1/2 шоље моцарела сира, исецканог
- 1/2 шоље соса од парадајза са ниским садржајем угљених хидрата
- 1/4 шоље пармезана

УПУТСТВА

a) Загрејте рерну на 350 степени Фаренхајта.

b) Помешајте крем сир, павлаку, мајонез, моцарелу, со и бибер.

c) Сипајте у рамекин и премажите сос од парадајза преко сваке рамекине, као и моцарела сир и пармезан.

d) Прелијте своје умаке за пицу са омиљеним додацима.

e) Пеците 20 минута.

f) Послужите уз неке укусне штапиће или свињске коре!

73.   Дип од ракова

САСТОЈЦИ:

- 1 (8 унци) паковање крем сира, омекшаног на собну температуру
- 2 кашике мајонеза од маслиновог уља
- 1 кашика свеже цеђеног сока од лимуна
- 1/2 кашичице морске соли
- 1/4 кашичице црног бибера
- 2 чена белог лука, млевено
- 2 средња зелена лука, нарезана на коцкице
- 1/2 шоље исецканог пармезана
- 4 унце (око 1/2 шоље) конзервираног меса белог рака

УПУТСТВО:

a) Загрејте рерну на 350 ° Ф.

b) У средњој посуди помешајте крем сир, мајонез, лимунов сок, со и бибер ручним блендером док се добро не уклопе.

c) Додајте бели лук, лук, пармезан и месо ракова и премешајте у мешавину помоћу лопатице.

d) Пребаците смешу у посуду за рерну и равномерно распоредите.

e) Пеците 30-35 минута док врх умака не порумени. Послужите топло.

74. Козји сир Гуацамоле

Марке: 4-6

САСТОЈЦИ:
- 2 авокада
- 3 унце козјег сира
- кора од 2 лимете
- лимунов сок од 2 лимете
- ¾ кашичице белог лука у праху
- ¾ кашичице лука у праху
- ½ кашичице соли
- ¼ кашичице пахуљица црвене паприке (опционо)
- ¼ кашичице бибера

УПУТСТВО:
a) Додајте авокадо у процесор за храну и блендајте док не постане глатко. Додајте остале САСТОЈКЕ: и мешајте док се не сједине.
b) Послужите са чипсом.

75. Баварски дип/спреад

Чини: 1 1/4 фунте

САСТОЈЦИ:
- ½ шоље лука, млевеног
- 1 фунта Брауншвајгера
- 3 унце крем сира
- ¼ кашичице црног бибера

УПУТСТВО:
a) Пржите лук 8-10 минута, често мешајући; склонити са ватре и оцедити. Скините омотач са Брауншвајгера и помешајте месо са крем сиром док не постане глатко. Помешајте лук и бибер.

b) Послужите као џигерицу намазану крекерима, танко исеченом партијском ражи или послужите као дип уз разне свеже сирово поврће као што су шаргарепа, целер, броколи, ротквице, карфиол или чери парадајз.

76. Дип од печене артичоке

САСТОЈЦИ:

- 1 векна великог тамног раженог хлеба
- 2 кашике путера
- 1 гомила зеленог лука; исецкани
- 6 чена свежег белог лука; ситно млевено, до 8
- 8 унци крем сира; на собној темп.
- 16 унци павлаке
- 12 унци исецканог цхеддар сира
- 1 конзерва (14 oz.) срца од артичоке; оцедити и исећи на четвртине

УПУТСТВО:

a) Изрежите рупу на врху векне хлеба пречника око 5 инча. Уклоните меки хлеб из исеченог дела и баците га. Резервишите кору да направите врх за векну.

b) Извадите већи део меког унутрашњег дела векне и сачувајте за друге сврхе, као што је пуњење или сушене мрвице хлеба. у путеру,

c) Пирјајте зелени лук и бели лук док лук не увене. Крем сир исеците на коцкице, додајте лук, бели лук, павлаку и чедар сир. Добро промешати. Пресавијте срца од артичоке, извуците сву ову мешавину у издубљени хлеб. Ставите врх на хлеб и умотајте у чврсту алуминијумску фолију. Пеците у рерни загрејаној на 350 степени 1½ сата.

d) Када сте спремни, уклоните фолију и послужите, користећи коктел ражени хлеб да умочите сос.

77. Дип од бизоне пилетине

САСТОЈЦИ:
- 1 (8 унци) паковање крем сира
- 1/2 шоље Франк'с Ред-Хот соса
- 1/4 шоље пуномасног конзервираног кокосовог млека
- 11/2 шоље исецкане куване пилетине
- 3/4 шоље исецканог моцарела сира, подељено
- 1/2 шоље плавог сира се мрви

УПУТСТВО:

a) Додајте крем сир у средњу шерпу и загревајте на средње ниској ватри док се не растопи. Умешајте љути сос и кокосово млеко.

b) Када се сједини, додајте пилетину док се не загреје.

c) Уклоните са ватре и умешајте 1/2 шоље моцарела сира и мрвице плавог сира.

d) Пребаците у посуду за печење од 8" × 8" и поспите преостали моцарела сир. Пеците 15 минута или док сир не постане пенасти. Послужите топло.

78.   Ранцх дип

САСТОЈЦИ:

- 1 шоља мајонеза
- 1/2 шоље обичног грчког јогурта
- 11/2 кашичице сушеног власца
- 11/2 кашичице сушеног першуна
- 11/2 кашичице сушеног копра
- 3/4 кашичице гранулираног белог лука
- 3/4 кашичице гранулираног лука
- 1/2 кашичице соли
- 1/4 кашичице црног бибера

УПУТСТВО:

a) Комбинујте све састојке у малој посуди.

b) Оставите да одстоји у фрижидеру 30 минута пре сервирања.

79. Зачињени дип од шкампа и сира

САСТОЈЦИ:

- 2 кришке сланине без шећера
- 2 средња жута лука, ољуштена и исецкана на коцкице
- 2 чена белог лука, млевено
- 1 шоља шкампа од кокица (не поханих), куваних
- 1 средњи парадајз, исечен на коцкице
- 3 шоље исецканог Монтереи џек сира
- 1/4 кашичице Франковог црвеног соса
- 1/4 кашичице кајенског бибера
- 1/4 кашичице црног бибера

УПУТСТВО:

a) Кувајте сланину у средњем тигању на средњој ватри док не постане хрскава, око 5-10 минута. Држите маст у посуди. Сланину ставите на папирни пешкир да се охлади. Када се охлади, сланину измрвити прстима.

b) Додајте лук и бели лук у сланину која капље у тигању и динстајте на средње лаганој ватри док не омекшају и замиришу, око 10 минута.

c) Комбинујте све састојке у лаганом шпорету; добро промешати. Кувајте поклопљено на ниској температури 1-2 сата или док се сир потпуно не отопи.

80.   Умак од белог лука и сланине

САСТОЈЦИ:

- 8 кришки сланине без додатка шећера
- 2 шоље сецканог спанаћа
- 1 (8 унци) паковање крем сира, омекшаног
- 1/4 шоље пуномасне павлаке
- 1/4 шоље обичног пуномасног грчког јогурта
- 2 кашике сецканог свежег першуна
- 1 кашика лимуновог сока
- 6 каранфилића печеног белог лука, изгњеченог
- 1 кашичица соли
- 1/2 кашичице црног бибера
- 1/2 шоље ренданог пармезана

УПУТСТВО:

a) Загрејте рерну на 350 ° Ф.

b) Кувајте сланину у средњем тигању на средњој ватри док не постане хрскава. Извадите сланину из тигања и оставите на тањир обложен папирним убрусима.

c) Додајте спанаћ у врући тигањ и кувајте док не увене. Уклоните са ватре и оставите на страну.

d) У средњу чинију додајте крем сир, павлаку, јогурт, першун, лимунов сок, бели лук, со и бибер и умутите ручним миксером док се не сједини.

e) Сланину исецкајте на грубо и умешајте у мешавину крем сира. Умешајте спанаћ и пармезан.

f) Пребаците у тепсију од 8" × 8" и пеците 30 минута или док се не загреје и не запече.

81. Песто дип од кремастог козјег сира

САСТОЈЦИ:

- 2 шоље упакованих свежих листова босиљка
- ½ шоље ренданог пармезана
- 8 унци козјег сира
- 1-2 кашичице млевеног белог лука
- ½ кашичице соли
- ½ шоље маслиновог уља

УПУТСТВО:

a) Помешајте босиљак, сиреве, бели лук и со у процесору хране или блендеру док не постане глатка. У равномерном млазу додајте маслиново уље и мешајте док се не сједини.

b) Послужите одмах или чувајте у фрижидеру.

82. Врућа пица Супер дип

САСТОЈЦИ:

- Омекшани крем сир
- Мајонез
- Моцарела сир
- Босиљак
- Оригано
- Бели лук у праху
- Пеперони
- Црне маслине
- Зелене паприке

УПУТСТВО:

a) Умешајте свој омекшани крем сир, мајонез и мало моцарела сира. Додајте мало босиљка, оригана, першуна и белог лука у праху, мешајте док се лепо не сједини.

b) Напуните га у свој дубоки тањир за питу и раширите га у равномерном слоју.

c) Распоредите свој сос за пицу на врх и додајте жељене преливе. За овај пример, додаћемо сир моцарела, фефероне црне маслине и зелену паприку. Пеците на 350 20 минута.

83. Дип од печеног спанаћа и артичоке

САСТОЈЦИ:

- 14 оз конзерви немаринираних срца од артичоке, оцеђених и крупно исецканих
- 10 оз смрзнутог сецканог спанаћа одмрзнутог
- 1 шоља правог мајонеза
- 1 шоља ренданог пармезана
- 1 чешањ белог лука притиснут

УПУТСТВО:

a) Одмрзните смрзнути спанаћ, а затим га осушите рукама.

b) Промешајте: оцеђену и исецкану артичоку, оцеђени спанаћ, 1 шољу мајонеза, 3/4 шоље пармезана, 1 процеђени чен белог лука и пребаците у тепсију од 1 литре или посуду за питу. Поспите преосталом 1/4 шоље пармезана.

c) Пеците непокривено 25 минута на 350°Ф или док се не загреје. Послужите уз омиљене кростине, чипс или крекере.

84. Артичока Дип

MAKE8

САСТОЈЦИ:
- 2 шоље срца артичоке, сецкане
- 1 шоља мајонеза или лаганог мајонеза
- 1 шоља исецканог пармезана

УПУТСТВО:
а) Све састојке сјединити, па смесу ставити у подмазан плех. Пеците 30 минута на 350 °Ф.

b) Пеците умак док лагано не порумени и не порумени на врху.

85.   Кремасти умак од артичоке

САСТОЈЦИ:

- 2 к 8 оз. паковања крем сира, собне темп
- 1/3 шоље павлаке
- 1/4 шоље мајонеза
- 1 кашика лимуновог сока
- 1 кашика дижон сенфа
- 1 чен белог лука
- 1 кашичица Ворцестерсхире соса
- 1/2 кашичице соса од љуте паприке
- 3 к 6 оз. тегле маринирана срца од артичоке, оцеђена и исецкана
- 1 шоља ренданог моцарела сира
- 3 младог лука
- 2 кашичице млевеног јалапења

УПУТСТВО:

a) Електричним миксером умутите првих 8 САСТОЈКА: у великој посуди док се не сједине. Ставите артичоке, моцарелу, млади лук и јалапењо.

b) Пребаците у посуду за печење.

c) Загрејте рерну на 400 °Ф.

d) Пеците умак док не порумени и порумене одозго - око 20 минута.

86. Паштета од пилеће јетре

САСТОЈЦИ:

- 1 средњи лук
- 500 гр пилеће џигерице
- 3 чена белог лука
- 100 гр путера (или свињетине)
- 1 кашичица сушеног тимијана
- 1/2 кашичице црног бибера
- 1/2 кашичице соли

УПУТСТВО:

a) Лук исецкајте и ставите у тигањ са мало путера, лагано пржите док лук не постане провидан, али не порумени. Додајте пилећа џигерица и нарезан бели лук, тимијан, бибер и со. Наставите да лагано пржите док се џигерице не скувају.

b) Када су џигерице куване додајте путер.

c) Ставите кувану мешавину џигерице у блендер/миксер/ручни бокал и умутите до жељене конзистенције. Сипати у чинију да се охлади и након почетног хлађења ставити у чинију за сервирање и ставити у фрижидер.

d) Ако желите украсите са неколико шнита прженог белог лука и мало маслиновог уља и ловоровим листом.

87. Дип од грашка и нане

САСТОЈЦИ:

- 250 гр сушеног зеленог грашка (1/2 паковања)
- 1/2 лука ситно исецканог
- 1/2 Вегетабле Стоцк Цубе
- Сува мента Око 3 кашичице
- Маслиново уље
- Соли по укусу

УПУТСТВО:

a) Ставите сушени зелени грашак у шерпу, оперите да нема љуске и уклоните грашак који плута. Покријте грашак са око 1/2 инча воде, додајте коцку темељца и лук, а затим динстајте на шпорету око 30-40 минута до када ће грашак омекшати.

b) Када грашак омекша додајте мало сушене нане и оставите да се мешавина још мало крчка да се мало осуши.

c) У преосталу течност од кувања згњечите грашак. и додајте неколико добрих густина маслиновог уља док гњечите. Након што добијете жељену конзистенцију, пробајте дип и додајте још сушене менте ако мислите да је потребно.

88.   Брзо и лако потапање

САСТОЈЦИ:

- 100 грама меког крем сира
- 2 кашике мајонеза
- 1 кашика сока од лимуна или лимете
- Пола младог лука
- Слатки чили сос за преливање по врху
- Бели лук по укусу
- чедар или плави сир
- Биље по вашем избору

УПУТСТВО:

a) Ставите све у чинију и измиксајте.

b) Пробајте и прилагодите количине састојака по жељи, а затим их пребаците у посуду за сервирање и прелијте слатким чили сосом.

89.   Дип и крем сир

Прави: 4 до 6 порција

САСТОЈЦИ:
- 1 шоља обичног сојиног јогурта
- 4 унце крем сира
- 1 кашика лимуновог сока
- 2 кашике сушеног власца
- 2 кашике сушеног корова копра
- 1⁄2 кашичице морске соли
- Дасх бибер

УПУТСТВА
а) Све измешати и оставити у фрижидеру најмање сат времена.

ИСХРАНА:Калорије 120| Масти 9г (засићене 2г) | Холестерол 0мг| Натријум 435мг| Угљени хидрати 9г| Дијетална влакна 1г| Протеини 3г.

90. Дивљи пиринач и чили дип

Прави: 4 до 6 порција

САСТОЈЦИ:
- 12 унци куваног сочива
- 1/4 шоље чорбе од поврђа без квасца
- 1/4 шоље сецкане зелене паприке
- 1/2 чена белог лука, пресованог
- 1 шоља парадајза исеченог на коцкице
- 1/4 шоље сецканог лука
- 2 унце крем сира
- 1/2 кашике чили праха
- 1/2 кашичице кима
- 1/4 кашичице морске соли
- Дасх паприка
- 1/2 шоље куваног дивљег пиринча

УПУТСТВА
a) У малом тигању скувајте сочиво и бујон од поврђа.

b) Додајте лук, паприку, бели лук и парадајз и кувајте 8 минута на средњој ватри.

c) У блендеру помешајте крем сир, чили у праху, ким и морску со док не постане глатка.

d) Комбинујте мешавину пиринча, крем сира и мешавине поврђа од сочива у великој посуди за мешање и добро промешајте.

91.   Зачињени умак од бундеве и крем сира

Прави: 4 до 6 порција

САСТОЈЦИ:

- 8 унци крем сира
- 15 унци незаслађене конзервиране бундеве
- 1 кашичица цимета
- 1/4 кашичице алеве паприке
- 1/4 кашичице мушкатног орашчића
- 10 пецана, смрсканих

УПУТСТВА

a) Крем сир и бундеву из конзерве умутите миксером док не постану кремасти.

b) Умешајте цимет, алеве паприке, мушкатни орашчић и пекане док се добро не сједине. Пре сервирања, охладите један сат у фрижидеру.

92.   Дип од крем сира и меда

Прави: 2 порције

САСТОЈЦИ:
- 2 унце крем сира
- 2 кашике меда
- 1⁄4 шоље цеђеног сока од поморанџе
- 1⁄2 кашичице млевеног цимета

УПУТСТВА
а)	Блендајте све док не постане глатко.

93. Кремасти спанаћ-тахини дип

Прави око 1 шоља

САСТОЈЦИ:
- 1 (10 унци) паковање свежег беби спанаћа
- 1 до 2 чена белог лука
- 1/2 кашичице соли
- 1/3 шоље тахинија (сусамова паста)
- Сок од 1 лимуна
- Гроунд цаиенне
- 2 кашичице тостираних семенки сусама, за украс

УПУТСТВА
a) Спанаћ лагано кувајте на пари док не увене, око 3 минута. Осушите и оставите на страну.

b) У процесору за храну обрадите бели лук и со док се ситно не исецкају. Додајте спанаћ на пари, тахини, лимунов сок и кајенски кајенски по укусу.

c) Обрадите док се добро не сједини и пробајте, прилагођавајући зачине ако је потребно.

d) Пребаците умак у средњу чинију и поспите сусамом. Ако не користите одмах, покријте и ставите у фрижидер док не буде потребно.

e) Ако се правилно складишти, чува се до 3 дана.

94. Сос од кајсије и чилеа

Прави око 1 шоља

САСТОЈЦИ:

- 4 суве кајсије
- 1/2 шоље сока од белог грожђа или сока од јабуке
- 1/2 кашичице азијске чили пасте
- 1/2 кашичице ренданог свежег ђумбира
- 1 кашика соја соса
- 1 кашика пиринчаног сирћета

УПУТСТВА

a) У малој шерпи помешајте кајсије и сок од грожђа и загрејте само до кључања. Склоните са ватре и оставите 10 минута да кајсије омекшају.

b) Пребаците мешавину кајсија у блендер или процесор хране и обрадите док не постане глатка. Додајте чили пасту, ђумбир, соја сос и сирће и мешајте док не постане глатко. Пробајте, прилагодите зачине ако је потребно.

c) Пребаците у малу посуду. Ако не користите одмах, покријте и ставите у фрижидер док не буде потребно.

d) Ако се правилно складишти, сос ће се чувати 2 до 3 дана.

95. Дип од печеног патлиџана

Производи: 5 ШОЉА (1,19 Л)

САСТОЈЦИ:

- 3 средња патлиџана са кожом (велика, округла, љубичаста сорта)
- 2 кашике уља
- 1 пуна кашичица семена кима
- 1 кашичица млевеног коријандера
- 1 кашичица куркуме у праху
- 1 велики жути или црвени лук, ољуштен и исечен на коцкице
- 1 (2 инча [5 цм]) комад корена ђумбира, ољуштеног и наренданог или млевеног
- 8 чена белог лука, ољуштеног и наренданог или млевеног
- 2 средња парадаја, ољуштена (ако је могуће) и исецкана на коцкице
- 1–4 зелена тајландска, серано или кајенски чили, сецкана
- 1 кашичица црвеног чилија у праху или кајенског
- 1 кашика крупне морске соли

УПУТСТВО:

а) Поставите решетку за рерну на другу највишу позицију. Загрејте бројлер на 500°Ф (260°Ц). Обложите лим за печење алуминијумском фолијом како бисте избегли неред касније.

b) Пробушите виљушком рупе у патлиџану (да пусти пару) и ставите их на лим за печење. Пеците 30 минута, једном окренувши. Кожа ће бити угљенисана и спаљена у неким деловима када се заврше. Извадите плех из рерне и оставите да се патлиџан хлади најмање 15 минута. Оштрим ножем исеците по дужини од једног до другог краја сваког патлиџана и лагано га отворите. Извадите печено месо изнутра, пазећи да избегнете пару и сачувате што више сока. Ставите месо печеног патлиџана у чинију - имаћете око 4 шоље (948 мЛ).

c) У дубоком, тешком тигању загрејте уље на средње јакој ватри.

d) Додајте ким и кувајте док не зацврчи, око 30 секунди.

e) Додајте коријандер и куркуму. Мешајте и кувајте 30 секунди.

f) Додајте лук и браон 2 минута.

g) Додајте корен ђумбира и бели лук и кувајте још 2 минута.

h) Додајте парадајз и чили. Кувајте 3 минута, док смеса не омекша.

i) Додајте месо печених патлиџана и кувајте још 5 минута, повремено мешајући да се не залепе.

j) Додајте црвени чили прах и со. У овом тренутку такође треба да уклоните и одбаците све залутале комаде угљенисане коже патлиџана.

k) Измешајте ову мешавину помоћу потопног блендера или у посебном блендеру. Не претерујте - још увек би требало да постоји нешто текстуре. Послужите уз тостиране наан кришке, крекере или тортиља чипс. Можете га послужити и традиционално уз индијски оброк од роти, сочива и раита.

96.   Радисх Мицрогреен & Лиме Дип

САСТОЈЦИ:

- 4 оз микрозелена ротквице
- 2 оз цилантро
- 8 оз павлаке
- 1 кашика жутог лука, наренданог
- 1 мали режањ белог лука, нарендан
- 2 кашике сока од лимете или по укусу
- соли по укусу
- пахуљице црвене паприке по укусу

УПУТСТВО:

a) У блендеру помешајте микрозелење, цилантро (стабљике и све), лук, бели лук и павлаку док не постане глатка.

b) Зачините соком од лимете, соли и прстохватом пахуљица црвене паприке. Послужите уз чипс, поврће, месо са роштиља и друге прилоге.

97. Сос за потапање од сусама и лука

Чини око 1/2 шоље

САСТОЈЦИ:
- 3 кашике воде
- 2 кашике соја соса
- 1 кашика мирина
- 1 кашика млевеног зеленог лука
- 1 кашичица млевене лимунске траве
- 1 кашичица ренданог свежег ђумбира
- 1 кашичица прженог сусамовог уља
- 1 кашичица семена сусама

УПУТСТВА
a) У малој посуди помешајте састојке и добро промешајте.

b) Ако не користите одмах, покријте и ставите у фрижидер док не буде потребно.

c) Ако се правилно складишти, сос ће се чувати 3 до 4 дана.

98. Манго-понзу сос за потапање

Чини око 11⁄4 шоље

САСТОЈЦИ:
- 1 шоља зрелог манга исеченог на коцкице
- 1 кашика понзу соса
- 1⁄4 кашичице азијске чили пасте
- 1⁄4 кашичице шећера
- 2 кашике воде, плус више ако је потребно

УПУТСТВА
a) У блендеру или процесору за храну помешајте све састојке и блендајте док не постане глатка, додајући још једну кашику воде ако желите ређи сос.

b) Пребаците у малу посуду. Послужите одмах или поклопите и ставите у фрижидер док не будете спремни за употребу. Овај сос је најбоље користити истог дана када је направљен.

99. Намаз од ораха од патлиџана

Чини око 21/2 шоље

САСТОЈЦИ:
- 2 кашике маслиновог уља
- 1 мали лук, исецкан
- 1 мали патлиџан, ољуштен и исечен на коцкице од 1/2 инча
- 2 чена белог лука, исецкана
- 1/2 кашичице соли
- 1/8 кашичице млевеног кајенског лука
- 1/2 шоље сецканих ораха
- 1 кашика свежег млевеног босиљка
- 2 кашике веганског мајонеза
- 2 кашике сецканог свежег першуна, за украс

УПУТСТВА
a) У великом тигању загрејте уље на средњој ватри. Додајте црни лук, патлиџан, бели лук, со и кајену. Покријте и кувајте док не омекша, око 15 минута. Умешајте орахе и босиљак и оставите да се охлади.

b) Охлађену мешавину патлиџана пребаците у процесор за храну. Додајте мајонез и обрадите док не постане глатко. Пробајте, прилагођавајући зачине ако је потребно, а затим пребаците у средњу чинију и украсите першуном.

c) Ако не користите одмах, покријте и ставите у фрижидер док не буде потребно.

d) Ако се правилно складишти, чува се до 3 дана.

100. Дрски умак од спанаћа са печеним белим луком

Чини око 21/2 шоље

САСТОЈЦИ:

- 5 до 7 чена белог лука
- 1 (10 унци) паковање смрзнутог сецканог спанаћа, одмрзнутог
- 1/2 шоље веганског мајонеза, домаћег (погледајте Вегански мајонез) или купљеног у продавници
- 1/2 шоље веганске павлаке, домаће (погледајте Тофу павлака) или купљене у продавници
- 2 кашичице свежег сока од лимете
- 1/4 шоље млевеног зеленог лука
- 1/4 шоље исецкане шаргарепе
- 2 кашике млевеног свежег цилантра или першуна
- 1/2 кашичице целерове соли
- Сол и свеже млевени црни бибер

УПУТСТВА

a) Загрејте рерну на 350° Ф. Пеците бели лук на малом плеху до златне боје, 12 до 15 минута. Печени бели лук притисните или згњечите и изгњечите у пасту. Оставите на страну.

b) Док се бели лук пече, кувајте спанаћ на пари док не омекша, 5 минута. Исцедите и ситно исецкајте. Оставите на страну.

c) У средњој посуди помешајте мајонез, павлаку, сок од лимете и печени бели лук. Промешајте да се сједини. Додајте зелени лук, шаргарепу и цилантро. Умешајте спанаћ куван на пари и зачините целер соли и соли и бибера по укусу. Добро промешати. Охладите најмање 1 сат пре сервирања да би се укуси интензивирали. Ако не користите одмах, покријте и ставите у фрижидер. Ако се правилно складишти, чува се до 3 дана.

ЗАКЉУЧАК

Честитам! Дошли сте до краја Тхе Ултимате Хуммус Цоокбоок. Надамо се да вас је ова куварица инспирисала да истражите бескрајне могућности хумуса и креирате сопствене јединствене комбинације укуса.

Са 100 укусних и хранљивих рецепата, заједно са корисним саветима и информацијама о историји и здравственим предностима хумуса, покушали смо да ову куварску књигу учинимо што је могуће свеобухватнијом. Надамо се да вам је Тхе Ултимате Хуммус Цоокбоок помогла да стекнете поверење у своје вештине прављења хумуса и да ћете наставити да експериментишете са новим укусима и техникама.

Хвала вам што сте нам се придружили на овом укусном путовању ка истраживању света хумуса. Надамо се да ћете годинама које долазе уживати у многим укусним умацима и јелима. Срећно умакање!

Ingram Content Group UK Ltd.
Milton Keynes UK
UKHW020720170523
421886UK00007B/45